Fragen und Antworten zu Urheberrecht, Verlagswesen und Vermarktung

9 Jahre »Frag den Experten« im Newsletter »The Tempest« mit einer Einführung in Urheber- und Medienrecht für Autoren

Bjørn Jagnow

Fragen und Antworten zu Urheberrecht, Verlagswesen und Vermarktung

9 Jahre »Frag den Experten« im Newsletter »The Tempest« mit einer Einführung in Urheber- und Medienrecht für Autoren

Bjørn Jagnow

EDITION OCTOPUS

autorenforum.de informiert Autorinnen und Autoren seit 1996 in seinem monatlich erscheinenden Newsletter »The Tempest« über das Thema Schreiben und Publizieren. Website und Newsletter bieten Schreibkurse, Erfahrungsberichte, Buchbesprechungen, Interviews und vieles mehr. Ausschreibungen und Wettbewerbe sowie Links zu weiteren Webseiten runden das Angebot ab.

Bjørn Jagnow ist gelernter Verlagskaufmann, Buchhändler und Verlagsfachwirt. Zu seinen Publikationen zählen Romane und Kurzgeschichten, zum Beispiel bei Heyne und Bastei, sowie etliche Fachtexte für Medien- und Kulturschaffende. Seit 2002 ist er Mitglied im ver.di-Vorstand für den Fachbereich Medien, Kunst und Industrie in Wiesbaden.

Bjørn Jagnow, »Fragen und Antworten zu Urheberrecht, Verlagswesen und Vermarktung. 9 Jahre ›Frag den Experten‹ im Newsletter ›The Tempest‹ mit einer Einführung in Urheber- und Medienrecht für Autoren«
© 2009 der vorliegenden Ausgabe: Edition Octopus
Die Edition Octopus erscheint im
Verlagshaus Monsenstein und Vannerdat OHG, Münster
www.edition-octopus.de
www.bjoernjagnow.de

Alle Rechte vorbehalten
Umschlag & Satz: Claudia Rüthschilling
Umschlagfoto: photocase.com © emma75

Druck und Bindung: MV-Verlag

ISBN 978-3-86582-855-2

Inhalt

Vorwort 7

Teil 1 11
Urheber- und Medienrecht für Autoren

Grundlagen und Urheberpersönlichkeitsrechte 13
Verwertungsrechte und Dauer des Urheberrechts 19
Verträge mit Verlagen: Grundbestandteile 23
Verträge mit Verlagen: Zusatzbestandteile 27
Andere haben auch Rechte: Personen 31
Andere haben auch Rechte: Unternehmen 35

Teil 2 39
Fragen und Antworten zu Urheberrecht,
Verlagswesen und Vermarktung

Fragen zur Arbeit am Werk 41
Persönlichkeitsrechte 47
Markenrechte 59
Zitate 63
Fragen zur Verlagssuche 73
Verlagsanschreiben 81

Verlagseinschätzung und -beurteilung 87

Vertragsbestandteile 93

Literaturagentur 99

Kostenzuschuss 105

Fragen zur Zusammenarbeit mit dem Verlag 113

Fragen zu diversen Themen 159

Webadressen 179

Index 181

Vorwort

1999 betrat »The Tempest« zwar nicht das Licht der Welt, aber doch das Internet zum ersten Mal. Hier waren die Tipps und Anregungen auf autorenforum.de für jede und jeden leicht auffindbar. Hier bestand auch zum ersten Mal die Möglichkeit, konkrete Fragen aus der Praxis an Experten aus der Praxis zu richten und so ohne große Mühe spezifische Antworten zu bekommen.
Seit Dezember 1999 gebe ich über autorenforum.de Auskunft zu Urheberrecht, Verlagswesen und Marketing angekündigt erstmals in der Ausgabe 1-2 des Tempests. Diese dritte, ergänzte Ausgabe enthält aus neun Jahren einen Fundus von Fragen und Antworten, die so oder ähnlich für viele Schreibende interessant sein dürften. Gesammelt und thematisch sortiert ist hier das Nachlesen ganzer Themenkreise oder Nachschlagen einzelner Stichworte einfach möglich.

Über die Jahre hat sich auch die Welt der Verlage und insbesondere des Rechts geändert. Ich erhebe außerdem nicht den Anspruch, immer die perfekte, absolut korrekte Antwort parat zu haben. Daher habe ich die Antworten teilweise bearbeitet. Als »aktualisiert« gekennzeichnete Einträge sind an veränderte oder neue Umstände angepasst. Die »überarbeiteten« Antworten habe ich inhaltlich korrigiert. In allen anderen Fällen habe ich lediglich sprachliche Korrekturen vorgenommen, insbesondere wegen der geänderten Rechtschreibung. Bibliothekarisch veranlagte LeserInnen können diese Sammlung daher nicht als Archiv im engeren Sinne gebrauchen. Die Sammlung ist fast überall ein wenig bearbeitet. Gegenüber der ersten Version sind jedoch nur die Fragen und Antworten aus 2007 und 2008 ergänzt worden.

Die thematische Ordnung der Fragen und Antworten folgt einem unterstellten »Lebenslauf« literarischer Arbeiten. Ich beginne mit den Fragen zum Werk und gehe dann über die Verlagssuche bis zur Zusammenarbeit mit dem Verlag. Innerhalb der Themenblöcke stehen die einfachen Einträge am Anfang und die komplexeren Zusammenhänge am Ende. Ich hoffe, dadurch sowohl beim vollständigen Lesen wie auch beim Nachschlagen Orientierung zu geben.

Kostenzuschüsse sind ein heikles und oft emotionales Thema. Ich habe die entsprechenden Fragen dennoch nicht in einer »Tabuzone« zusammengefasst, sondern sie als Teil der Verlagssuche behandelt. Der Kostenzuschuss kann AutorInnen immer und überall erwarten – gerade das macht ihn so heikel. Denn nicht der Umstand, dass eine Veröffentlichung Geld kostet, ist das Kernproblem. Alle Verlage bereichern sich an menschlicher Arbeit, ob an Freiberuflern oder Angestellten ist gleich. Kein Wirtschaftswissenschaftlicher bestreitet, dass gewinnwirtschaftliche Unternehmen Arbeitsleistung grundsätzlich niedriger honorieren wollen als ihr Ergebnis tatsächlich wert ist. Nur so sind die gewünschten Gewinne möglich. Kostenzuschüsse sind also nicht per se besonders bedenklich, sondern nur dann, wenn AutorInnen von ihnen überrascht werden und nicht absehen können, worauf sie sich einlassen. Das gleiche Problem stellt sich aber auch bei allen anderen Verträgen mit Verlagen oder Agenten, beim Schreiben über reale oder fiktive Ereignisse ebenso und auch in der Zeit nach der Veröffentlichung.

Diese Printausgabe wurde um eine Einführung in die Themengebiete Urheber- und Medienrecht für AutorInnen ergänzt. Ich hoffe mit dieser Zusammenstellung einige Fragen beantworten zu können. Wenn etwas fehlt, stehe ich gerne Rede und Antwort.

Bjørn Jagnow, Februar 2009

Teil 1

Urheber- und Medienrecht für Autoren

Eine Einführung von Bjørn Jagnow

Zuerst veröffentlicht in der Zeitschrift Federwelt,
Ausgaben 42 bis 47, www.federwelt.de

Kapitel 1: Grundlagen und Urheberpersönlichkeitsrechte

Die Idee des geistigen Eigentums hat sich sehr spät in der Geschichte entwickelt. Die Urheberrechte sind daher international uneinheitlich.
Vergessen Sie also alles, was Sie über Copyright gehört haben. Sie müssen kein © unter Ihre Texte setzen – in Deutschland haben Autoren ihre Urheberrechte automatisch.

Werk
Dreh- und Angelpunkt des Urheberrechts ist das Werk, die geistige Schöpfung eines Menschen. Malereien von Tieren (z.B. Affen oder Elefanten) sind keine Werke im Sinne des Urheberrechts. Genauso wenig kann ein Gegenstand aus der Natur oder das Ergebnis einer Gedichtsoftware ein Werk sein. Geschützt werden nur geistige Schöpfungen von Menschen. Das deckt allerdings den Programmcode einer Gedichtsoftware ab.
Dagegen ist der Satz »Guten Morgen, Herr Müller!« nicht geschützt. Wer ein Urheberrecht haben will, muss sich etwas mehr anstrengen. Allerdings wird keine besondere inhaltliche Qualität verlangt, sondern ein dreiteiliger Maßstab angelegt: Ein Werk muss eine individuelle Schöpfung sein, einen geistigen Gehalt und eine äußere Form haben. Die Idee für einen Roman ist nicht geschützt – ein konkretes zweizeiliges Gedicht schon!

Urheber
Urheber jedes Werkes ist ein Mensch oder mehrere Menschen zusammen – niemals jedoch ein Zusammenschluss von Menschen. Das klingt zunächst widersinnig, doch Unternehmen, Vereine, Ämter und andere so genannte juristische Personen können in Deutschland keine Urheberrechte besitzen. Sie können nur die Erlaubnis zur wirtschaftlichen Nutzung von Werken bekommen (Nutzungsrechte).

Der grundlegende Teil der Urheberrechte ist das Urheberpersönlichkeitsrecht. Es ist unveräußerlich, bleibt also dem Autor nach der Schöpfung eines Werkes lebenslang erhalten. Anschließend geht es auf die Erben über.
Diese besondere Stellung basiert auf den hohen Anforderungen, die an Werke gestellt werden. Wenn eine Schöpfung die konkrete Ausformung einer individuellen Geisteshaltung ist, dann offenbart jedes Werk einen tiefen Blick in die Person des Urhebers. Die freie Entfaltung der eigenen Persönlichkeit und ihr Schutz gegen die Außenwelt ist ein Grundrecht. Dementsprechend wurden geistige Werke in diesen Schutz ausdrücklich einbezogen.
Nun zu den einzelnen Persönlichkeitsrechten von Urhebern.

Veröffentlichungsrecht
Jeder kann selbst entscheiden, ob seine Werke veröffentlicht werden oder nicht. Es gibt keine Publikationspflicht. Autoren werden sich jedoch mehr Gedanken um die Frage machen, was als Veröffentlichung zählt. Immerhin knüpfen an diesem Punkt eventuell höhere Erstveröffentlichungshonorare an. – Ist ein Abdruck in einer Kleinstauflage von 30 Exemplaren eine Veröffentlichung? Gilt der

Versand eines Textes an mehrere Schriftstellerkollegen als Veröffentlichung?

Die Juristen übersetzen »Veröffentlichung« schlicht mit »der Öffentlichkeit anbietenî. Die Öffentlichkeit definiert sich dabei nicht mengenmäßig, sondern vielmehr darüber, ob das Angebot theoretisch jeder nutzen könnte, ohne besonders ausgewählt zu sein.

Zum Vergleich stellen Sie sich eine Bar vor. Wenn dort jeder hineindarf, ist sie öffentlich. Steht am Eingang jedoch ein Mafioso, der bloß Mitglieder der Familie einlässt, dann ist die Bar eindeutig nicht-öffentlich. Kann sich jeder die Mitgliedschaft durch eine Gebühr erkaufen, dann ist die Bar wieder öffentlich.

Wer einen Text in einem Klubmagazin für 30 Leser abdrucken lässt, hat also eine Veröffentlichung. Gibt man den Text an 30 ausgewählte Freunde und Kollegen, dann ist es keine Veröffentlichung.

Anerkennung der Urheberschaft

Ob Ihr Werk unter Ihrem Namen, pseudonym oder anonym erscheint, bleibt Ihnen überlassen. Sie bestimmen die Verfasserangabe bis in den letzten Buchstaben. Wenn Sie drei Vornamen und einen Doppelnamen mit von und zu haben, dann ist es Ihre Entscheidung, ob alles ausgeschrieben werden muss oder die Vornamen nur mit Anfangsbuchstaben angegeben werden.

Bei Pseudonymen müssen Sie allerdings darauf achten, dass kein anderer unter diesem Namen zu finden ist. Damit vermeiden Sie Streitigkeiten. Sollte Ihr richtiger Name zufällig dem einer berühmten Persönlichkeit entsprechen (z.B. Helmut Schmidt), dann können Sie zwar auf ein Pseudonym ausweichen, müssen es aber nicht. Ihren eigenen Namen kann Ihnen keiner wegnehmen.

Schutz vor Entstellung
Unter diesen Begriff fällt jede Änderung, die den Sinn oder den Charakter des Werkes verändert. Ob die Änderung wesentlich oder unauffällig ist, spielt zunächst keine Rolle. Bei experimentellen Texten kann der Verzicht auf Rechtschreibung und Grammatik zum Stil gehören – jede Korrektur wäre Entstellung.

Im Regelfall wird ein Lektorat Kürzungen und Bearbeitungen vorschlagen und sich dann die Einwilligung des einholen oder den Verfasser bitten diese Änderungen selbst vorzunehmen. Tippfehler, Zeichensetzung und kleinere Umstellungen werden dagegen üblicherweise und ohne entstellende Wirkung stillschweigend durchgeführt. Die Genehmigung dazu wird meist im Vertrag unter »Änderungen im Rahmen des Üblichen« eingeholt.

Und wenn Ihr eigener Verlag Sie für kleinste Änderungen um Erlaubnis bitten muss, dann ist die eigenmächtige Veränderung Ihres Werkes durch Fremde nach der Veröffentlichung erst recht unzulässig.

Tipps für die Praxis
Nicht jedes Recht, das einem Autor zusteht, kann er in der Praxis auch durchsetzen. Manchmal muss man Zugeständnisse machen, wenn man veröffentlicht werden will. Der Einsatz eines Verlages für oder gegen ein Pseudonym kann gute Gründe haben. Den meisten Texten tut ein Lektorat gut.

Bevor Sie verhandeln, machen Sie sich Ihre Rechte als Urheber bewusst. Dann können Sie für jeden Verzicht auch ein Entgegenkommen heraushandeln! Wenn Sie es allerdings übertreiben, dann werden Sie den Vertragsabschluss riskieren. Und mit den Eigenheiten bis nach der

Unterzeichnung zu warten, verhindert vielleicht nicht mehr die Veröffentlichung – aber es kann sie unangenehm verzögern.

Prüfen Sie daher sorgfältig, was Ihnen wirklich wichtig, was Ihnen bloß angenehm und was sogar verzichtbar ist.

Kapitel 2: Verwertungsrechte und Dauer des Urheberrechts

Durch das Urheberrecht wird die wirtschaftliche Nutzung eines Werkes durch seinen Schöpfer erst möglich. Allerdings werden auch Grenzen für das Recht am eigenen Text festgelegt: gewisse Nutzungen sind freigestellt.

Verwertungsrechte
Mit Verwertung ist die finanzielle Ausbeutung eines Werkes gemeint. Die Schöpfung soll zu Geld gemacht – ob das gelingt ist zunächst unerheblich. Verwertung ist in verschiedenen Formen möglich.
Als Vervielfältigung zählt jede Kopie eines Werkinhalts. Während bei einem Gemälde Kopien weitgehend genauso aussehen wie das Original, ist auch die Abschrift eines gedruckten Textes bereits eine Vervielfältigung. Entscheidend ist die Kopie der geistigen Schöpfung. Ob gegenständliche Details abweichen (z.B. Größe, Farbe, Schriftarten), hat keine Bedeutung.
Wenn jemandem kopieren darf, heißt das nicht, dass er die Kopien veröffentlichen darf. Er benötigt ein Verbreitungsrecht, um Original oder Vervielfältigungsstücke zum Kauf, zur Miete oder als Geschenk anzubieten.
Unter öffentliche Wiedergabe fallen mehrere Einzelrechte. Als Wiedergabe zählen Vortrag, Aufführung oder Vorführung, Sendung im Rundfunk, Kabel oder Internet. Die Aufzeichnung einer Wiedergabe, z.B. einer Lesung, ist wiederum eine besondere Form der Wiedergabe.

Einschränkungen der Verwertungsrechte
Das Urheberrecht wird wie alle Eigentumsrechte durch besondere Interessen der Gesellschaft eingeschränkt. Der wohl bekannteste Fall ist den meisten gar nicht als Ausnahmerecht bewusst: das Zitat. Eigentlich benötigte man für die Verwendung einer fremden Textpassage in der eigenen Arbeit eine Erlaubnis vom Autor, denn seine Verwertungsrechte werden berührt. Aber da das Zitieren gerade bei Fachpublikationen üblich und sinnvoll ist, wird es als Ausnahme pauschal genehmigt. Mit dem Zitat muss die Quelle angegeben werden, das Material muss unverändert bleiben und der Umfang muss so kurz sein wie es nur möglich ist. Zitate sind übrigens nicht nur bei Fachtexten, sondern auch in literarischen Werken erlaubt.
Wer beim Zitieren schummelt und keinen oder einen falschen Verfasser angibt, begeht ein Plagiat. Ein Plagiat ist es auch, das Werk eines anderen unter eigenem Namen nachzuerzählen.
Ohne Erlaubnis des Urhebers und ohne Honorar dürfen Vervielfältigungen im Rahmen eines gerichtlichen oder behördlichen Verfahrens hergestellt werden. Das Gleiche gilt für Schulfunksendungen und Zweitvervielfältigungen bestimmter Werke, die sich mit aktuellen Tagesinteressen beschäftigen und daher ausschließlich Journalisten betreffen.
Für Autoren relevanter sind da schon die Nutzungen für Kirchen-, Schul- oder Unterrichtsgebrauch. Für solche Sammlungen mit vielen kurzen Werken braucht der Verfasser nur informiert, aber nicht um Erlaubnis gefragt zu werden. Als Honorar muss eine angemessene Vergütung bezahlt werden.
Veranstaltungen der Jugend- oder Sozialhilfe, der Alten- und Wohlfahrtspflege, der Gefangenenbetreuung, bei Schulveranstaltungen und Gottesdiensten dürfen Werke

ohne Zustimmung, Information und Honorierung des Verfassers verwendet werden, sofern es keine Aufführungen oder Funksendungen sind.

Und ebenfalls erlaubt ist die Vervielfältigung zu privaten Zwecken, allerdings dürfen nicht mehr als sieben Kopien hergestellt werden. Privater Zweck ist z.B. eine Sicherheitskopie vom eigenen Original, die Aufzeichnung einer Funksendung, Kopien für die eigene wissenschaftliche Arbeit. Sollte ein Werk seit mindestens zwei Jahren vergriffen sein, darf man auch Ausgaben kopieren, die einem anderen gehören.

Dauer und Übertragung der Urheberrechte
Alle Rechte des Urhebers haben eine begrenzte Laufzeit: sie enden siebzig Jahre nach seinem Tod. Sollte ein Werk von mehreren Urhebern gemeinsam geschaffen worden sein, wird die Laufzeit nach dem langlebigsten berechnet. Für Filme werden nur der Hauptregisseur, die Drehbuchautoren, die Dialogautoren und Komponisten berücksichtigt.

Wenn ein Werk mit Pseudonym oder sogar ohne Namensnennung veröffentlicht wurde, kommt man mit der Berechnung nach Todesdatum natürlich nicht weit. Daher gilt das Urheberrecht hier nur siebzig Jahre nach der Erstveröffentlichung bzw. bei unveröffentlichten Werken siebzig Jahre nach der Schaffung. Deswegen wird dann oft der Verfasser doch noch bekannt gegeben, um die Urheberrechte zu verlängern.

Abgesehen vom Erbfall ist das Urheberrecht nicht übertragbar. Sie können lediglich Nutzungsrechte (z.B. an einen Verlag) einräumen oder die Verwertungsrechte verpfänden. Die Urheberrechte gehören aber immer noch Ihnen.

Tipps für die Praxis
Die Verwertungsrechte sind die Grundlage aller Verlagsverträge. Darum sollten Sie den Unterschied zwischen Vervielfältigung, Verbreitung, Sendung, Vortrag und Wiedergabe kennen. Nur dann haben Sie eine Chance Entwürfe für Verlagsverträge zu verstehen.
Denken Sie vor Vertragsunterzeichnung auch immer daran, wie lange das Urheberrecht läuft. Mit siebzig Jahren nach Ihrem Tod übertrumpft es spielend jeden Hypothekenvertrag für ein Haus. Dementsprechend sicher sollten Sie sein, dass Sie es akzeptabel verwerten.

Kapitel 3: Verträge mit Verlagen: Grundbestandteile

Ein Verlagsvertrag ist Voraussetzung für jede Veröffentlichung, aber nicht immer wird er schriftlich ausformuliert. Ein Vertrag wird geschlossen, wenn übereinstimmende Willenserklärungen zwischen (mindestens) zwei Parteien vorliegen. Diese etwas geschraubt klingende Formulierung umfasst eine sehr große Palette von Verhaltensweisen. Wer an einem Automaten die korrekte Anzahl Münzen einwirft und per Knopfdruck eine Ware anfordert, schließt einen Kaufvertrag ab. Verträge müssen also weder schriftlich, noch mündlich sein. Es braucht nur übereinstimmende Absichten und so genanntes schlüssiges Verhalten.

Diese Formfreiheit gilt grundsätzlich auch für Verträge über Veröffentlichungsrechte. Wenn Sie einen Text an eine Zeitschrift schicken, um Abdruck bitten und der Text erscheint, dann wurde ein Verlagsvertrag geschlossen. Sie haben etwas angeboten und es wurde angenommen. Eventuell sind aber die Konditionen unklar. Ist Honorar zu zahlen? Welche Nutzungsarten wurden dem Verlag eingeräumt?

Offene Verträge
Wenn keine detaillierte Vereinbarung getroffen wurde, gibt das Verlagsgesetz die wichtigsten Einzelheiten vor. Im Zweifelsfall wird dem Verlag das ausschließliche Recht zur Vervielfältigung und Verbreitung des Originaltextes

für eine einzige Auflage von maximal tausend Exemplaren eingeräumt. Übersetzungs- und Wiedergaberechte bleiben beim Verfasser. Ihm stehen mindestens fünf und höchstens fünfzehn Freiexemplare zu (eines pro hundert Exemplare), außerdem erhält er ein angemessenes Honorar. Was angemessen ist, ist nicht per Gesetz definiert!
Diese Regelungen genügen insbesondere den Verlagen meist nicht. Entweder ist die Auflage zu klein oder die Anzahl der Freiexemplare zu groß oder die Nebenrechte fehlen. Für Autoren kann das ungeregelte Honorar zum Problem werden.

Einseitig vorgegebene Verträge
Sowohl Autor, als auch Verlag können die Konditionen, zu denen sie üblicherweise Verträge abschließen, einseitig vorformulieren.
Wer seinen Text bei einem Verlag »zur Veröffentlichung gegen 1.000 Euro« einreicht, kann bei Abdruck schon mal die Rechnung schreiben. – Der Verlag hat das Angebot durch schlüssiges Verhalten angenommen.
Die Praxis sieht meist anders aus, denn gerade Zeitschriften- und Zeitungsverlage haben feste Konditionen, von denen sie nur in Ausnahmefällen abweichen. Wer mit Kenntnis dieser »Autorenrichtlinien« der Veröffentlichung zustimmt, akzeptiert auch die Bedingungen des Verlags.

Ausgehandelte Verträge
Wer von Verträgen spricht, meint meist diese Variante. Beide Seiten vereinbaren in Verhandlungen wie die Veröffentlichung geregelt wird und bezeugen das Ergebnis in der Regel mit ihrer Unterschrift. Mündliche Absprachen über Nutzungsrechte, Honorare, Freiexemplare etc. sind

zwar möglich, aber nur schwer nachweisbar und damit kaum stichhaltig.

Pflichten des Urhebers
Mit Vertragsabschluss hat der Autor zugesichert, dass er sein Werk dem Verlag zur Verfügung stellen wird. Eventuell sind auch Termin und Form festgeschrieben worden.
Außerdem verpflichtet sich der Autor alles zu unterlassen, was dem Zweck des Vertrages entgegen stehen würde. Sofern Exklusivität vereinbart wurde, darf der Autor die eingeräumten Nutzungsrechte keinem anderen anbieten und sie auch nicht im Selbstverlag ausüben. Gerade bei Fachtexten, z.B. in der Wissenschaft, sollte der Autor nicht zum gleichen Thema ein weiteres Werk veröffentlichen. Sofern die gleichen Inhalte neu aufbereitet werden, kann dies die erste Veröffentlichung behindern und damit dem Zweck des Vertrages in den Rücken fallen.

Pflichten des Verlegers
Der Verlag hat sich mit dem Vertrag verpflichtet, das Werk zu vervielfältigen und zu verbreiten. Er hat also nicht die Wahl, die vereinbarten Nutzungsrechte auszuüben – er muss.

Übertragung von Nutzungsrechten
Alle Nutzungsrechte, die ein Verlag bekommen möchte, müssen ausdrücklich vereinbart werden. Die Übertragung »aller« oder »aller heute und in Zukunft möglichen« Nutzungsarten ist nicht wirksam. Damit soll ein Ausverkauf von Autorenrechte verhindert werden.
Oft wird zwischen Haupt- und Nebenrechten unterschieden, ohne dass eine verbindliche Abgrenzung existiert. Für

einen Roman kann die Vertonung als Hörspiel ein Nebenrecht sein. Ein Hörbuchverlag mag das anders sehen.
Hauptrecht ist, was der Verlag in erster Linie machen will. Nebenrechte sind zweitrangig und werden oft an andere Firmen weitergereicht. – Wirklich bedeutsam ist diese Unterscheidung nicht. Sie erleichtert aber die Formulierung in Verlagsverträgen.
Alle Nutzungsrechte können auf einen Raum, auf eine Sprache, eine Zeitspanne oder eine Anzahl von Auflagen bzw. Exemplaren begrenzt werden. Außerdem kann vereinbart werden, dass der Verlag sie als Einziger nutzen darf (exklusiv/ausschließlich) oder dass der Autor auch anderen diese Rechte gewähren darf (nicht-ausschließlich/einfach).
Die relative unscheinbare Formulierung »für die Dauer des gesetzlichen Urheberrechts« bedeutet eine Laufzeit bis zum Tod des Autors und 70 Jahre darüber hinaus.

Tipps für die Praxis
Keine Veröffentlichung ohne Vertrag – bedenken Sie diese Grundregel, dann wird Ihnen schnell klar, welche Vereinbarungen implizit getroffen wurden.
Für verschiedene Veröffentlichungsarten gibt es Normverträge, die von der Gewerkschaft ver.di und anderen Verbänden entwickelt wurden. Die Konditionen zu Honorar und Umfang der Nutzungsrechte sind jedoch nicht verbindlich geregelt, sodass diese Vorlagen nur der Orientierung dienen können.

Kapitel 4: Verträge mit Verlagen: Zusatzbestandteile

Neben der grundsätzlichen Vereinbarung, was und wie veröffentlicht wird, kann ein Verlagsvertrag weitere Regelungen enthalten. Diese zusätzlichen Absprachen werden nicht generell, sondern bei Bedarf vereinbart.

Honorar
Das Honorar muss nicht in jedem Verlagsvertrag geregelt sein. Der Autor hat ohnehin Anspruch auf eine angemessene Vergütung – selbst wenn er vertraglich auf ein Honorar verzichtet haben sollte. Leider ist aber bislang völlig offen, was unter welchen Umständen angemessen ist. Das sollten Urheber- und Verlegerverbände gemeinsam festlegen, doch die Verlage kooperieren derzeit nicht.
Generell sollte das Honorar im Vertrag klar vereinbart werden, um spätere Streitigkeiten mit dem Verlag zu vermeiden. Dazu gehört unbedingt, wonach es sich berechnet (sofern es kein Pauschalhonorar ist) und wann es ausgezahlt wird.
Berechnungsgrundlage ist bei Büchern meist der Ladenpreis abzüglich Mehrwertsteuer, bei Zeitschriften ein Seiten- und bei Zeitungen ein Zeilenpreis. Andere Systeme sind möglich und unkritisch, soweit die Rechengrundlage ein klar messbarer Begriff ist. Der Gewinn eines Buches kann sehr unterschiedlich und mit gänzlich anderem Ergebnis berechnet werden – und eignet sich daher nicht als Honorarbasis.

Freiexemplare
Auch die Belege sind kein Grundbestandteil eines Verlagsvertrages. Da bei Büchern die einzelnen Auflagen mitunter stark voneinander abweichen, kann es z.B. für das eigene Archiv von Vorteil sein, Belegexemplare für jede Auflage zu vereinbaren. Auch Freiexemplare aus der Nutzung von Nebenrechten sollten nicht vergessen werden, z.B. Taschenbuch- oder Klub-Ausgaben.

Haftung
Wenn ein Text einen Schaden anrichtet (z.B. Ehrverletzungen, Plagiat), dann sind sowohl der Autor, als auch der Verlag haftbar. Da der Verlag dies im Voraus nicht sicher ausschließen kann, enthalten viele Verträge Absprachen zur Haftung, z.B. dass der Autor Kosten (ganz oder anteilig) ersetzt, die dem Verlag aus Haftungsfolgen entstehen. Auch ohne solche Vertragsvereinbarungen gilt Ähnliches auf gesetzlicher Grundlage. Um Schadensersatz zu vermeiden, der weit höher liegen kann als das Honorar, sollte der Autor prüfen, dass er weder Urheberrechte (siehe Kapitel 1 und 2), noch Persönlichkeits- (Kapitel 5) oder Wettbewerbsrechte (Kapitel 6) Dritter verletzt hat.

Korrektur und Nachbearbeitung
Sach-, Fach- und wissenschaftliche Literatur können mit der Zeit inhaltlich überholt sein. Mitunter wünschen sich Verlage regelmäßige Aktualisierungen und vereinbaren mit dem Autor Korrektur- oder Nachbearbeitungspflichten. Diese Aufgaben muss der Verfasser dann innerhalb einer angemessenen Frist ausführen. Auch wenn dafür meist kein Zusatzhonorar gezahlt wird, steht dann doch eine Neuauflage und damit indirekt auch weiteres Honorar bevor.

Erledigt der Verfasser die Nachbearbeitung nicht, kann der Verlag je nach Vertrag einen anderen Autor damit beauftragen und dessen Honorar vom Honorar des Original-Autors einbehalten. Was dann noch übrig bleibt, hängt vom Einzelfall ab.

Rückruf von Nutzungsrechten
Wenn sich ein Verlag Rechte vom Autor einräumen lässt, muss er sie auch ausüben. Tut er dies nicht, können diese Nutzungsrechte einzeln zurückgerufen werden. Dafür muss man jedoch zunächst einige Zeit nach Vertragsabschluss und Manuskriptabgabe abwarten: Buch – zwei Jahre
Artikel für eine Zeitschrift, die seltener als monatlich erscheint – ein Jahr
Artikel für andere Zeitschriften – sechs Monate
Artikel für eine Zeitung – drei Monate
Nach dieser Zeit kann man dem Verlag eine angemessene Nachfrist setzen, in der er die Nutzung nachholen kann. Erst dann ist ein Rückruf möglich.

Rücktritt vom Verlagsvertrag
Wenn ein Werk vergriffen ist und nicht mehr aufgelegt wird, kann der Autor komplett vom Vertrag zurücktreten. Werden einzelne Vertragsverpflichtungen nicht erfüllt, können Verlag oder Autor ebenfalls ganz vom Vertrag zurücktreten, z.B. wenn das Manuskript nicht termingerecht abgegeben oder das Honorar nicht gezahlt wird.
Für beide Varianten muss ebenfalls vorher eine Frist zur Nachbesserung gesetzt werden.

Tipps für die Praxis
Papier ist bekanntlich geduldig. Das gilt auch für Verträge.

Wenn ein Verlag seinen Vertragspflichten nicht nachkommt, weisen Sie ihn darauf hin. Wenn das nicht zum gewünschten Erfolg führt, können Sie mit Rückruf oder Rücktritt drohen. Bei ausstehendem Honorar tut es auch ein Mahnbescheid.

All dies führt in den meisten Fällen jedoch zu anwaltlichen oder gerichtlichen Auseinandersetzungen, die von den Rechtsschutzversicherungen für Privatpersonen nicht übernommen werden. Zuverlässiger ist die Mitgliedschaft in einem Urheberverband, der entsprechenden Rechtsschutz anbietet.

Kapitel 5: Andere haben auch Rechte: Personen

Autoren müssen nicht nur auf ihre eigenen, sondern auch auf die Rechte anderer achten. Zunächst sind fremde Urheberrechte zu wahren. Aber auch wenn in Texten Personen auftauchen, die tatsächlich existieren oder existiert haben, gilt besondere Vorsicht.

Wahres über lebende Menschen
Die Privatsphäre ist vor der Aufmerksamkeit der Öffentlichkeit geschützt. Darüber dürfen sich Autoren nicht ohne Zustimmung der Betroffenen hinwegsetzen. Selbst wenn die Darstellung der Wahrheit entspricht.
Möchte ein Autor seinen Freund in einem Roman auftreten lassen, dann dürfen dafür nur solche Beobachtungen und Äußerungen verwendet werden, die speziell zur Vorbereitung des Romans zugelassen wurden. Alle weiteren (möglicherweise intimen) Details, die dem Autor darüber hinaus aus der Freundschaft bekannt sind, dürfen nicht verwendet werden.
Als Privatsphäre gilt auch, wie sich jemand auf der Straße, am Arbeitsplatz oder beim Einkaufen verhält. Wenn Autoren dergleichen verraten, verstoßen sie gegen die Persönlichkeitsrechte des Dargestellten.
Frei sind dagegen Berichte, wenn Personen ohnehin in den Blickpunkt der Öffentlichkeit getreten sind, z.B. bei Demonstrationen oder Kundgebungen.

Unwahres über lebende Menschen
Definitiv unwahre Behauptungen über Personen, dürfen nicht veröffentlicht werden. Autoren können sich auch nicht damit herausreden, dass sie ernsthaft glaubten, etwas Wahres aufzuschreiben. Wer schlecht recherchiert, hat Schuld.
Ausnahmeregelungen für Themen von besonderem öffentlichen Interesse gibt es, sind aber in der Praxis nur für journalistische Arbeiten von Bedeutung.

Werturteile über lebende Menschen
Beurteilungen von Personen müssen der Grundlage für die Wertung angemessen sein. Wer jemanden wegen des Essens von Fleisch als Massenmörder hinstellt, muss mit Konsequenzen rechnen.
Überzogene oder zugespitzte Kritik ist lediglich im Rahmen von satirischen Textformen zulässig, wo dem durchschnittlich begabten Leser auf Anhieb klar wird, dass die Formulierungen nicht wörtlich gemeint sind.
Eine Person generell und in allen Facetten herabzuwürdigen, ist immer unzulässig.

Darstellung verstorbener Menschen
Wer gestorben ist, hat nur noch eingeschränkte Persönlichkeitsrechte. Berichte über Taten oder Äußerungen eines Verstorbenen dürfen nicht grob entstellt sein. Kleinere Ungenauigkeiten müssen dagegen von der Verwandtschaft hingenommen werden.
Bei Werturteilen ist ebenfalls ein größerer Spielraum möglich, wenn die Person verstorben ist. Wer seine Betrachtung jedoch bis zur Verunglimpfung ausreizt, hat den Bogen überspannt.

Diese Einschränkungen halten nicht ewig, sondern erlöschen etwa 10 bis 20 Jahren nach dem Tod der Person.

Verschleierung echter Menschen
Texte mit autobiografischen Anteilen oder Schlüsselromane sind vor diesem Hintergrund sehr kritisch. Die Darstellung realer Personen wird dann gern durch Abwandlungen verschleiert, z.B. indem Namen verändert werden. Allerdings muss man darauf achten, dass die Person wirklich unerkennbar wird. Schon wenige Daten können dafür ausreichen, z.B. wenn über den Prokuristen der einzigen Industriefabrik der Kleinstadt XY geschrieben wird.
Namensverfremdungen bergen zudem das Risiko, dass ein Träger dieses Namens meint, dass er dargestellt wurde. Da hilft nur der Hinweis an die Leser, dass der Name frei erfunden ist.

Fiktive Menschen
Wer seine Figuren frei erfindet oder zumindest intensiv von der realen Vorlage verfremdet, hat in der Regel nichts zu befürchten. Selbst wenn sich zufällig Personen finden, die den fiktiven Figuren sehr ähnlich sind.
Dies gilt aber nur, solange die Textform offensichtlich fiktiven Charakter hat. Autoren, die einen Hans Müller in ihrem Roman auftreten lassen, müssen nicht erst sämtliche Männer gleichen Namens um Erlaubnis fragen.
Bei Textformen, die starken Bezug zur Realität haben (z.B. Satiren), kann ein realer Namensvetter durchaus betroffen sein. Hier hilft dann nur der bereits genannte Hinweis.

Tipps für die Praxis
Die Persönlichkeitsrechte haben eine starke Stellung in

der Rechtsprechung. Sie können Veröffentlichungen verhindern oder beschränken und Haftungen auslösen. Das finanzielle Risiko gibt der Verlag meist ganz oder teilweise an den Autor ab.

Dieser Artikel darf nur als grobe Richtschnur verstanden werden. Wenn der Verlag fragt, ob Rechte von anderen Personen berührt werden, sollte der Autor sich über diese Themen Gedanken machen.

Im Zweifel, ob eine Darstellung oder Beurteilung erlaubt ist, sollte man sich unbedingt von Fachanwälten oder Autorenverbänden beraten lassen.

Kapitel 6: Andere haben auch Rechte: Unternehmen

Das letzte Kapitel dieser Serie stellt die medienrechtlichen Grenzen dar, die ein Autor beachten muss, wenn er über Unternehmen schreibt. Dabei wird unterstellt, dass außer dem (potenziellen) Text keine Beziehung zwischen Verfasser und Unternehmen besteht, denn aus anderen Gesetzen können weitere Einschränkungen entstehen: Ein Arbeitnehmer darf keine Geschäftsgeheimnisse seiner Firma veröffentlichen, gewisse Berufsgruppen unterliegen besonderen Schweigepflichten, wer ein eigenes Unternehmen hat und Geschichten über die Konkurrenz schreibt, muss sich Gedanken wegen unlauterem Wettbewerb machen. Diese speziellen Vorschriften sind in der folgenden Einführung ausdrücklich nicht enthalten.

Besonderes Unternehmenseigentum
Abgesehen von Maschinen, Arbeitsmaterialien und Finanzmitteln besitzen Unternehmen weniger greifbares Eigentum, an dem sich insbesondere Autoren vergehen können. Dazu gehören z.B. der Firmenname, Werbesprüche, Logos, Signets und Produktnamen. Diese Marken sind zwar für jeden leicht zugänglich, ihr Wiedererkennungswert führt allerdings dazu, dass Waren besser verkauft werden können (also häufiger oder teurer), und deswegen wird sich jedes Unternehmen heftig gegen Missbrauch wehren.

Zu den Markennamen gehören auch die allermeisten Buchtitel. Nur in seltenen Ausnahmen dürfen zwei Bücher einen gleichen oder sehr ähnlichen Titel verwenden. Alle Verlage führen daher vor Veröffentlichung umfangreiche Titelrecherchen durch, um nicht später schadensersatzpflichtig zu sein.

Worte oder Bilder sind spätestens bei Verwendung als Marke geschützt. Manchmal genügt bereits die Eintragung in einem Register oder die Vorankündigung in einem Fachmedium.

Schutz von Unternehmen
Im Unterschied zu natürlichen Personen (Lebende und Verstorbene) haben Unternehmen nur eingeschränkte Schutzrechte. Unternehmen haben keine Privat- und keine Intimsphäre. Während ein Mensch nicht ohne seine Zustimmung der Öffentlichkeit ausgesetzt werden darf (siehe Kapitel 5), haben Unternehmen kein Anrecht darauf, ihre Existenz zu verheimlichen.

Ein Unternehmen kann sich jedoch dagegen wehren anders dargestellt zu werden als es ist. Deswegen ist die Benutzung von Marken in fiktiver Darstellung kritisch. Unternehmen dürfen also weder Betriebsstätten, Produktmängel oder Leistungen angedichtet oder abgesprochen werden. Äußerungen von Unternehmensvertretern (z.B. Geschäftsführer, Vorstände, Pressesprecher) dürfen weder frei erfunden, noch verzerrt wiedergegeben werden.

Tatsachenbehauptungen über Unternehmen
Zutreffende Informationen über Unternehmen dürfen immer veröffentlicht werden (z. B. »Der Verlag hat mir eine Veröffentlichung gegen Druckkostenzuschuss ange-

boten.«) Wichtig ist jedoch, dass man sich über den Wahrheitsgehalt gewiss ist.

Sollte eine Tatsachenbehauptung unwahr sein oder sich als falsch herausstellen (z. B. »Der Verlag nimmt Druckkostenzuschuss.« wird verstanden als »Der Verlag nimmt immer Druckkostenzuschuss.«), dann ist die Veröffentlichung geschäftsschädigend und kann entsprechend teuer werden.
Auch die bloße Wiedergabe (z.B. »Er sagte mir, der Verlag nehme immer Druckkostenzuschuss.«) ist gefährlich, sofern man sich nicht deutlich von der verbreiteten Aussage distanziert.

Meinungen über Unternehmen
Werturteile und Einschätzungen über Unternehmen, die positiv sind, dürfen ohne Weiteres veröffentlicht werden.
– Hauptsache, das Unternehmen empfindet die Äußerung ebenfalls positiv.
Negative Meinungen müssen nur dann hingenommen werden, wenn sie von besonderem öffentlichen Interesse sind (z.B. Umweltthemen, Menschenrechte). Ansonsten sind sie unzulässig geschäftsschädigend. Beschimpfungen und Herabwürdigungen sind niemals erlaubt.

Tipps für die Praxis
Marken sollten in Texten immer nur dann eine tragende Rolle spielen, wenn dies von besonderer Bedeutung für die Lebenswelt der potenziellen Leser ist. Ein Roman über die reale Kriegstreiberei eines Waffenunternehmens ist zulässig. Ist der Vorwurf fiktiv, sollte auch das Unternehmen fiktiv sein.

Unbedeutende Verwendung von Marken lohnt sich nicht. Eine Figur eine Coke oder einen Martini trinken zu lassen, ist sicherlich noch legal. Wenn der Charakter den Geschmack kommentiert, wird es je nach Einzelfall kritisch. Das Risiko kann man sich als Autor sparen.
Bei fiktiven Marken muss jedoch aufgepasst werden, dass sie nicht zufällig schon benutzt werden. Unwissenheit schützt vor Strafe nicht!

Teil 2

Fragen und Antworten zu Urheberrecht,

Verlagswesen und Vermarktung

Fragen zur Arbeit am Werk

Ausgabe: 05-08 (August 2003) Plagiat, Nebenrechte

Ich hätte eine grundsätzliche Frage zum Urheberrecht und hoffe, dass Sie mir helfen können: Ich habe bemerkt, dass sich die Inhalte mehrerer Romane von verschiedenen Autoren mitunter sehr ähneln. Was genau ist urheberrechtlich geschützt – der Inhalt einer Geschichte oder nur die Namen und Charaktere? Angenommen, ich hätte gerade »Harry Potter und der Stein der Weisen« gelesen und möchte einen Roman über einen elfjährigen Waisenjungen schreiben, der an seinem Geburtstag in eine Zauberschule aufgenommen wird und dort gegen den bösen Zauberer kämpft, der seine Eltern ermordet hat. Wäre das erlaubt?

Das Urheberrecht schützt keine Ideen, sondern nur Werke – also z. B. ausformulierte Texte. Der Übergang zwischen einer freien Idee und einer unerlaubten Werksnachahmung ist aber fließend. Eine Nacherzählung gilt beispielsweise als Bearbeitung und ist nur mit Genehmigung des Autors des Originals erlaubt.

Das genannte Beispiel wäre vermutlich erlaubt, wenn es sonst keine Parallelen zu Harry Potter aufweist. – Fraglich ist allerdings, wozu man das noch mal schreiben sollte. Leser werden bei Bedarf an Zauberschulengeschichten auf viele, viele Jahre zu J. K. Rowling greifen und nur Hardcore-Fans dieser Form werden noch zusätzliche Geschichten gleichen Strickmusters in die Hand nehmen.

Ausgabe: 05-05 (Mai 2003) Bilder

Ich arbeite an einem Sachbuch, zu dem ich schöne, passende Bilder in einem Museumskatalog ohne Copyright fand. Muss ich das Museum fragen oder kann ich die Bilder mit Hinweis auf die Quelle verwenden?

Wieso sind denn die Bilder in dem Katalog ohne Copyright? Sind Sie sich da sicher? Irgendjemand muss die Bilder doch fotografiert haben und dieser jemand bzw. dessen Erben haben auch die Urheberrechte bis 70 Jahre nach dem Tod des Fotografen.
Diese Urheberrechte müsste sich dann der Verlag besorgen, der Ihr Sachbuch veröffentlichen wird. Das können Sie nur vorab besorgen, wenn Sie sich gut im Urheberrecht auskennen und auch im Voraus zahlen wollen.
Weiteres Problem: Wenn man Bilder aus einem Druckwerk für einen anderen Druck verwendet, leidet die Qualität meist. Es entstehen beim Nachdruck Gitter im Bild – sogenannte Moirés, die sich mit den handelsüblichen Scannern meist nur minimieren, aber nicht ganz vermeiden lassen.

Ausgabe: 09-01 (Januar 2007) Bilder

Ich habe ein Sachbuch über [...] geschrieben. Ich habe dazu Abbildungen von meiner eigenen Sammlung und aus eigener Herstellung gemacht. Per Zufall bin ich beim Stöbern auf weltweiten ebay-Seiten auf wunderschöne, für mein Thema passende Fotos gestoßen, die ich gut verwenden könnte. Nirgendwo habe ich einen Hinweis auf Copyright gefunden. Darf man solche Bilder benutzen?

Sie erscheinen nur für kurze Zeit bei einem Verkäufer, und bevor ich nachfragen konnte, waren sie schon wieder verschwunden. In meinem Fall sind es überwiegend alte japanische Stücke. Bis ich jemand finde, der Japanisch kann, verliere ich schon die Spur. Wie soll ich vorgehen?

Das ungenehmigte Kopieren und Veröffentlichen von ebay-Bildern ist nicht erlaubt, und es hat auch schon zahlreiche Fälle gegeben, wo dies zu Schadensersatzforderungen geführt hat.
Für jedes Foto hat der Fotograf Urheberrechte bis 70 Jahre nach seinem Tod. Es spielt keine Rolle, ob dies Fotos für den Privatgebrauch sind oder ob sie bereits mit der Absicht zur Veröffentlichung geschossen wurden. Es spielt auch keine Rolle, ob diese Fotos etwas zeigen, was alt oder neu ist. Ohne Genehmigung dürfen Sie solche Fotos nicht veröffentlichen. Lassen Sie sich für solche Fälle doch einen Text in Japanisch und Englisch vorbereiten, in dem Sie kurz Ihren Bedarf an dem Foto und den Umstand erklären, dass Sie als »Gaijin« kein Japanisch können ;-). Dann haben Sie eine passende E-Mail für alle Fälle parat, und wenn jemand reagiert, kann man weitersehen.
Im Übrigen dürften die wenigsten ebay-Bilder tatsächlich Druckqualität haben! Die Bildschirmdarstellung wird mit 72 dpi wiedergegeben, für den Druck werden 300 dpi benötigt. Das Bild, das Sie auf dem Schirm sehen, wird also im Druck nur ein Viertel so breit und ein Viertel so hoch sein!

Ausgabe: 05-04 (April 2003) **überarbeitet** Bilder

Ich habe vor, ein Buch über einen Film zu schreiben, ist das grundsätzlich erlaubt? Das Buch soll den Film ana-

lysieren, Story und Mythologie erklären. Ich habe vor, Bilder von der DVD zu erstellen und diese dann im Buch zu verwenden. Wie sieht es mit den Bildrechten aus? Ich habe diese ja selbst erstellt!

Das Buch dürfen Sie schreiben, wenn Sie sich wissenschaftlich mit dem Film auseinandersetzen. Wenn Sie sich stattdessen an ein allgemeines Publikum wenden wollen, greift das Markenrecht und Sie sollten ein solches Projekt nicht ohne fachkundige Beratung angehen. Denn Figurennamen können als Handelsmarke geschützt sein, z. B. Harry Potter, Luke Skywalker, Tarzan.
Die Bilder dürfen Sie nicht ohne Weiteres erstellen. Das Recht an jedem Einzelbild des Films hat die Filmgesellschaft, d. h., diese müssten für das Buch angekauft werden. Daher würde ich Ihnen empfehlen, erst mit einem Verlag über das Buchprojekt vertragseinig zu werden, bevor Sie größere Energie darauf verwenden. Denn die Bildrechte können teuer werden und dann wird kein Verlag Ihr Manuskript drucken.

Ausgabe: 08-11 (November 2006) Bilder

Ich plane ein Sachbuch zum Thema Rock'n'Roll Rockín íRoll in Deutschland. Hier möchte ich gerne Fotos verwenden, die ich selbst bei Veranstaltungen der vergangenen Jahre geschossen habe. Kann es Probleme beim Abdruck geben, weil sich Personen in ihren Persönlichkeitsrechten verletzt fühlen?

Fotos von Veranstaltungen können tatsächlich Probleme machen. War für eine Veranstaltung Eintritt fällig, brauchen Sie eine Genehmigung des Veranstalters, um die Fotos zu veröffentlichen. Außerdem sollten auf den Fotos die Musiker oder die Mitarbeiter des Veranstalters den wesentlichen Bildinhalt ausmachen bzw. die Zuschauermenge. Sobald einzelne Zuschauer oder kleine Zuschauergrüppchen den Inhalt des Bilds ausmachen, ist auch deren Zustimmung erforderlich (Recht am eigenen Bild)!

Ausgabe: 02-08 (August 2000) **aktualisiert**
Autorengemeinschaft

Ich habe Skript und Idee zu einem Roman mit guter Story, eventuell auch als Drehbuch, suche aber für die Dialoge und auch damit einfach mehr Freude aufkommt einen Co-Autor. Können Sie mir weiterhelfen? Wie sieht das eigentlich rechtlich aus? Wie finden wir zusammen?

Wie man einen Co-Autor findet, kann eine größere Aufgabe sein als die rechtlichen Umstände, die sich daraus ergeben. Trotzdem setze ich bei Letzterem den Schwerpunkt – wie man einen geeigneten Kollegen findet, ist für jeden Autor ganz unterschiedlich.
Wenn mehrere Autoren ein gemeinsames Werk (Buch, Geschichte, Gedicht etc.) verfassen, sind sie alle Urheber dieses Werkes. Das heißt, sie nehmen gemeinsam die Rechte wahr, die sonst einem Einzelnen gehören.
Wie diese Gemeinsamkeit in der Praxis gepflegt wird, bleibt den Betroffenen überlassen. Allerdings sollten dafür Regeln in Form eines Vertrages fixiert werden. Andernfalls kann es nicht nur die Beziehung der Co-Autoren belasten, sondern auch ernsthafte Auseinandersetzungen geben. Ohne vertragliche Regelung reicht die ablehnende

Stimme eines einzigen der Autoren, um eine Veröffentlichung platzen zu lassen.

Um also die Urheberrechte an diesem gemeinsamen Werk sinnvoll nutzen zu können, sollten Abstimmungsmodalitäten und ein Schlüssel für die Honorarverteilung festgelegt werden. Wenn einer der Co-Autoren einen größeren Anteil am Erlös bekommen soll, weil er auch mehr Aufwand hatte, hilft eine Fixierung, um Streitigkeiten zu vermeiden. Immerhin werden die Co-Autoren bis 70 Jahre nach ihrem Tod wegen des gemeinsamen Werkes aneinander gekettet – und spätestens die Erben sind sich untereinander nicht unbedingt in Freundschaft verbunden.

Für die Formulierung dieser Co-Autoren-Vereinbarung gibt es keine vorgeschriebenen Regeln. Zur weiteren Lektüre helfen die Stichworte »Gesellschaft bürgerlichen Recht (GbR)« oder auch »BGB-Gesellschaft« sowie »Partnerschaftsgesellschaft«. Um dauerhafte Macken im Vertrag zu vermeiden, kann man die erste Fassung auf eine Laufzeit begrenzen und den Passus hinzufügen, dass danach eine neue Version des Vertrags ausgearbeitet werden muss.

Persönlichkeitsrechte

Ausgabe: 04-12 (Dezember 2002) **überarbeitet** Biografie, Persönlichkeitsrechte

Ich habe die Absicht, eine Biografie über jemanden zu schreiben. Noch stehe ich ganz am Anfang und bin fleißig am Recherchieren. Natürlich muss ich für dieses Vorhaben Quellen verwenden, um Informationen bekommen zu können. Nun meine Frage: Sind »Lebensdaten« (Geburtsdaten und Fakten wie »Sie lebte von da bis da an Ort X und studierte an Universität Y Fach Z«) auch urheberrechtlich geschützt und muss ich die Quelle angeben, wenn ich solche Fakten irgendwo lese und sie sozusagen abschreibe?

Einzelne Daten sind nicht urheberrechtlich geschützt. Lediglich komplexe Forschungsergebnisse oder technische Anwendungen können ein »schutzfähiges Werk« sein, aber Fakten über eine Person nicht. Allerdings sind solche Fakten auch personenbezogene Daten, die im Normalfall nicht ohne Zustimmung des Betroffenen veröffentlicht werden dürfen. Ausnahme ist, wenn es sich um eine »Person des öffentlichen Lebens« handelt – also der typische Fall für eine Biografie. Wenn Sie allerdings eine Biografie über irgendeinen »Normalbürger« aus Ihrem Ort schreiben wollen, sollten Sie die Person um Erlaubnis fragen.

Ausgabe: 04-03 (März 2002) **überarbeitet** Biografie, Persönlichkeitsrechte

Als Hobbyschreiberin bin ich kurz vor der Fertigstellung der Biografie meiner Mutter. Ich plane eine Drucklegung über Publishing on demand.
Es würde mich interessieren, ob es »Kollegen« gibt, die damit bereits Erfahrung haben. Außerdem stellt sich mir die Frage, ob ich die Namen unverändert nennen kann. Meine Mutter lebt nicht mehr, es leben noch mein Bruder und meine Schwester. Das Geschriebene enthält nur Fakten und ist nicht angetan, irgendjemanden zu verunglimpfen.

Zu Publishing on Demand gibt es zahlreiche Erfahrungen, die in Buchform oder auch im Netz diskutiert werden. Relativ gute Infos (vor allem in der Mailingliste) gibt es auf www.wege-zum-buch.de bei den BoD_ies.
Die richtigen Namen zu verwenden, will ich Ihnen nicht ausreden, aber ich muss Sie warnen: Wenn sich nach der Veröffentlichung auch nur eine der genannten Personen ungewollt in die Öffentlichkeit gezerrt fühlt, kann dies leicht zu einem Gerichtsverfahren führen! Wenn Sie sich vorher von allen Betroffenen eine Veröffentlichungserlaubnis unterschreiben lassen, schließt es das Risiko weitestgehend aus.
Ich persönlich würde zumindest die Namen ändern. Achten Sie auch darauf, dass die Personen nach den Namensänderungen nicht durch andere Details erkannt werden können. Im Zweifelsfall gibt es auch Probleme, wenn Sie von XYZ sprechen, der 1995 in der Lindenstraße 12 gewohnt hat, oder schreiben, dass XYZ der einzige einbeinige Busfahrer in der Stadt war. Damit lassen sich die realen Personen nämlich auch rekonstruieren!

Ausgabe: 07-05 (Mai 2005) Biografie, Persönlichkeitsrechte, Pseudonym

Wenn man aus seinem Leben schreiben möchte, wie verhält es sich dann rein rechtlich? Ist es ausreichend, die Namen anderer Personen zu verfälschen und unter einem Pseudonym zu veröffentlichen, oder reicht das nicht aus?

Die Namen vorkommender Personen in einer Autobiografie zu verändern und unter Pseudonym zu veröffentlichen, kann ausreichend sein. Vielleicht aber auch nicht.
Das entscheidet sich daran, ob sich trotzdem jemand wieder erkennt. In dem Moment kann er Verlag und Verfasser wegen Verletzung seiner Persönlichkeitsrechte haftbar machen (meist Schadensersatz und Unterlassungsanspruch, d. h., die Veröffentlichung wird eingestellt oder die Auflage muss teilweise geschwärzt werden). Wenn der Richter auch meint, dass die Figur in der Erzählung auf der realen Person basiert, kann es daher sehr teuer werden.
Einzige Auswege: Die betreffenden Personen vorher um Erlaubnis bitten oder nur fiktive Figuren verwenden.

Ausgabe: 09-05 (Mai 2007) Biografie, Persönlichkeitsrechte

Zurzeit schreibe ich einen autobiographischen Roman, in dem mein Weg aus einer Kindheit voller Misshandlung und Missbrauch in die Freiheit beschrieben wird. Immer wieder habe ich von den Persönlichkeitsrechten der Menschen gelesen, die in Romanen zu erkennen sein könnten. Selbst wenn ich die Namen noch so sehr verfremde, würden sich Menschen, die mich [...] missbraucht haben, sofort wiedererkennen, denn es steht mein Name auf dem Buchcover. Wie lange haben denn nur die Täter Rechte? Zudem laufe ich Gefahr, dass ich wegen Verbreitung jugendgefährdender pornographischer Schriften im Gefängnis lande, wenn ich auch nur leise Details der Untaten [...] beim Namen nennen würde. Unter welchen Bedingungen kann ich denn wenigstens irgendeinen Vorteil aus meiner Geschichte ziehen, die mich beinahe mein Leben gekostet hätte? Ich bin ratlos und offenbar so rechtlos wie damals ...

So sehr ich Ihr Bedürfnis, Ihre Erlebnisse aufzuschreiben und zu veröffentlichen, verstehen kann, es ist rechtlich heikel.
Generell gibt unser Rechtssystem Opfern nicht die Möglichkeit, Rache zu üben. Täter zu richten, ist Aufgabe der Gerichte – sie zu strafen, Aufgabe des Justizvollzugs. Öffentliche Abrechnungen in Biographien sind weder mit noch ohne Urteil zugelassen. Das mag gefallen oder nicht, aber wer dagegen verstößt, macht sich selbst haftbar, manchmal sogar strafbar.
Sie können dagegen Ihre Biographie möglichst stark abwandeln, z. B. Namen komplett neu erfinden, Ereignisse verändern, Beschreibungen von Personen nicht an realen Menschen orientieren – und dann unter Pseudonym veröffentlichen. Vermutlich wird dann keiner der Täter riskieren, sich selbst zu diffamieren, indem er behauptet, sich wiederzuerkennen.
»Genugtuung« bietet diese Variante vielleicht weniger, dafür kann sie trotzdem befreiend sein, weil Sie sich das Thema von der Seele schreiben.

Ausgabe: 05-07 (Juli 2003) **überarbeitet**
Persönlichkeitsrechte

Ich möchte wissen, wie weit man reale Personen in einer fiktiven Geschichte verfremden muss bzw. wann sie Grund und Anlass haben, einen zu verklagen. Wenn ich jemanden in einer Satire »der schielende Eberlock« nenne und der in Wirklichkeit »Ellerbrock« heißt und auch tatsächlich schielt, dann könnte er mich verklagen, oder?
Spielt es außerdem eine Rolle, ob man die Person in der Geschichte positiv oder negativ darstellt? Wenn mich jemand verklagen würde, obwohl ich ihn in einer Geschichte positiv dargestellt habe, würde er vor Gericht Recht bekommen? Gibt es da irgendwelche Richtlinien? Urteile? Wie weit muss man verfremden?

Im Grunde kann jeder Betroffene selbst entscheiden, ob er sich wieder erkannt hat, und kann dann Klage einreichen. Jede Person (außer Stars) hat nämlich das Recht, nicht in die Öffentlichkeit gezerrt zu werden.
Wenn sich der »Ellerbrock« im »Eberlock« wieder erkennt, dann kann er Rechtsmittel einlegen: von der vergleichsweise schnell erreichbaren und lästigen einstweiligen Verfügung, die den weiteren Vertrieb des Buches blockieren bzw. zur Schwärzung von Textpassagen führen kann, bis zur »richtigen« Klage auf Schadensersatz.
Es ist weitgehend egal, ob die Person positiv oder negativ dargestellt wurde. Das Rampenlicht der Öffentlichkeit allein genügt schon für eine Verletzung der die Persönlichkeitsrechte. Ist die Darstellung auch noch negativ, vergrößert das den Schaden allerdings meist.
Es gibt haufenweise Urteile zu diesem Themenkomplex. Eine gute, etliche Seiten umfassende Einführung bietet

das Buch »Medienrecht« von Udo Branahl, erschienen im Verlag für Sozialwissenschaften.
Die Abwandlung muss so weit gehen, dass niemand wieder erkannt werden kann. Das gilt mitunter auch für Verstorbene, denn bei grob entstellter Darstellung können die Hinterbliebenen klagen. Ich würde daher immer zu fiktiven Figuren greifen ... das ist einfach sicherer.

Ausgabe: 10-02 (Februar 2008) Persönlichkeitsrechte

[...] Anfangs war mein Gedanke, einen Namen auszuwählen, der auch jeder Beliebige sein könnte, aber jetzt ist mir eingefallen, dass ich auch den Namen der Gebrüder Grimm benutzen könnte (als sie noch Kinder waren) und deren Geschichte in die heutige Zeit versetze. Sie geraten in eine Fantasiewelt, wo sie [...].
Jetzt ist meine Frage: Ist es überhaupt erlaubt, den Namen der Gebrüder Grimm zu verwenden? Oder ist das rechtlich geschützt?

Die Gebrüder Grimm sind schon so lange verstorben, dass sie bzw. ihre Erben keine Persönlichkeitsrechte mehr in Anspruch nehmen können (dergleichen verjährt 10 bis 20 Jahre nach dem Tod). Damit stehen die Namen und die Personen für beliebige Geschichten zur Verfügung.

Ausgabe: 10-08 (August 2008) Persönlichkeitsrechte

Ich möchte mich an einem Sachbuchprojekt beteiligen, in dem sehr viele Fallbeispiele aufgeführt werden sollen. Können die Fallbeispiele verwendet werden, wenn die persönlichen Daten der Personen entfernt wurden, oder muss da noch mehr beachtet werden?

Die Fallbeispiele können Sie veröffentlichen, wenn Sie so anonymisiert sind, dass die Personen, die an den Fällen real beteiligt waren, nicht mehr erkennbar sind.
Dazu kann es genügen, einfach die Namen zu ändern. Es kann aber auch sein, dass die Fälle oder daran enthaltene Angaben so spezifisch sind, dass man die Personen auch ohne ihren Namen rekonstruieren kann. Angenommen, Sie verändern den Namen einer Person, erwähnen aber dass er/sie 2007 Bürgermeister des Ortes Welterod in Rheinland-Pfalz gewesen ist, dann ließe sich die Identität rekonstruieren (dieses Beispiel ist sehr simpel über Wikipedia zu »enttarnen«).
Anonymisierung erfordert also mehr als bloße Namensänderung / -verstümmelung.

Ausgabe: 10-09 (September 2008) Persönlichkeitsrechte

Ich habe eine Idee für ein Sachbuch, welches ich zur Not (wenn Verlage daran nicht interessiert sind) auch über Publishing-on-demand umsetzen möchte. Meine Frage hierbei: Für das Buch muss ich Interviews führen. Reicht es hier, den Gesprächspartnern zu sagen, wofür ich das Interview mit ihnen benötige? Und wenn diese zusagen, ist der Abdruck im Buch rechtlich kein Problem?

Wenn den Interviewten bekannt ist, dass das Interview veröffentlicht werden soll, geben sie mit jeder Antwort automatisch auch die Zustimmung zur Veröffentlichung. Allerdings empfehle ich, den Hinweis auf die Veröffentlichung zu dokumentieren, damit nachher niemand sagt, er / sie hätte von der Veröffentlichungsabsicht nichts gewusst. Wenn die Interviews aufgezeichnet werden (Audio, Video) genügt ein Hinweis am Anfang des Gesprächs, der mit aufgezeichnet wird. Bei schriftlichen Interviews (Fragebogen, E-Mail-Wechsel) sollte der Hinweis zusammen mit den Fragen verschickt werden.

Ausgabe: 02-12 (Dezember 2000) **aktualisiert**
Persönlichkeitsrechte, Zitat

Ich habe eine Frage zum Thema »Rechte von Dritten«: Ich habe die Arbeiten an meinem ersten Roman beendet und erwähne darin auch den »Belagerungszustand« von Albert Camus und die Namen aktueller englischer Fußballspieler. Wie sieht es da mit den Rechten aus? Verletze ich da die Rechte, wenn ich z. B. aus dem »Belagerungszustand« zitiere oder die Namen erwähne? Muss alles geändert werden?

Einzelne Zitate aus Werken Dritter stellen kein Problem dar, solange sie nur einen Bezug herstellen und nicht Selbstzweck sind. Wer beispielsweise ein Fachbuch komplett nur aus Zitaten zusammenstellt, kann stattdessen fest mit rechtlichen Problemen rechnen. Eine strikte Grenze oder Orientierung, wie viel Zitat erlaubt ist, gibt es allerdings nicht.

Wenn real existierende Personen oder Firmen in einem Text auftauchen, berührt dies grundsätzlich die Persönlichkeitsrechte, d. h., genauso wenig wie ich das freche Urlaubsfoto, das ich von meinem Nachbarn am FKK-Strand geschossen habe, ohne seine Einwilligung veröffentlichen lassen darf, darf ich einfach Personen in Geschichten einweben.

Allerdings stellen sich dabei zwei Fragen, die dieses Verbot relativieren:

a) Ist die Person eindeutig erkennbar? Es gibt vermutlich Tausende Hans Meyers in Deutschland, trotzdem darf eine Romanfigur so heißen. Nicht erlaubt ist allerdings, wenn man anhand der Beschreibung des Roman-Hans-Meyers einen realen Hans Meyer erkennen kann.

b) Ist die Person eine »Person des öffentlichen Lebens«? Normalerweise genießt jeder Mensch in Deutschland Privatsphäre. Doch es gibt Ausnahmen: Politiker, Fernsehprominenz oder Sportler zum Beispiel. Sie sind Teil des öffentlichen Lebens und haben somit nur eingeschränktes Anrecht auf Persönlichkeitsrechte. Wie weit diese Einschränkungen gehen – sprich – was man alles über diese beiden erfinden und behaupten darf, steht auf einem anderen Blatt.

Im Zweifel entscheidet der verhandelnde Richter.

Inwieweit die Namen englischer Fußballspieler zulässig sind, hängt damit von der Art ab, wie sie verwendet werden.

Ausgabe: 05-10 (Oktober 2003) Biografie, Persönlichkeitsrechte

Wenn ich beabsichtige, eine Biografie über einen Künstler zu schreiben, benötige ich dann dessen Einwilligung dafür? Dürfen Fotos, die von mir selbst oder von anderen, deren Einwilligung ich habe, gemacht wurden, ohne weiteres in einer solchen Biografie veröffentlicht werden, oder benötigt dies der Zustimmung des Künstlers?

Hintergrund: Ich habe vor etwa einem Jahr schon einmal beim Management in den USA angefragt. Dort wurde mir lapidar mitgeteilt, dass diese Rechte schon andere hätten. Bisher ist aber auf dem deutschen Markt noch nichts erschienen und wird meines Wissens auch nichts erscheinen. Bisher gibt es nur Biografien in englischer und spanischer Sprache.

Da ich Gründungsmitglied des deutschen Fanclubs dieses Künstlers bin und daher einen eigentlich guten Draht zum Management habe, hat mich diese ablehnende Haltung doch sehr erstaunt. Aufgrund meiner Tätigkeit im bzw. für den Fanclub weiß ich aber gleichzeitig auch, dass eine Biografie in deutscher Sprache ständig nachgefragt wird, da nicht alle Leute, die sich für diesen Künstler interessieren, der englischen und / oder spanischen Sprache mächtig sind (als freiberufliche Übersetzerin bin ich das jedoch sehr wohl und konnte mir dadurch natürlich schon viele Informationen auf diesem Weg besorgen).

Um über eine Person etwas zu veröffentlichen, braucht man eine Genehmigung dieser Person – oder es muss sich um eine Person des öffentlichen Lebens handeln. Hintergrund ist, dass jeder selbst entscheiden darf, ob er in die Öffentlichkeit gezerrt werden will oder nicht – nur die, die dort schon sind, haben dieses Recht nicht mehr.

Es kommt also sehr stark auf die Bekanntheit dieses speziellen Künstlers an, ob eine Genehmigung zur Biografie nötig ist. Gegen den Willen des Künstlers bzw. Managers können Sie eventuell veröffentlichen, aber möglicherweise hat das negative Folgen für Ihren Fanclub.

Angesichts der unklaren Rechtssituation und der nicht auszuschließenden Rückkopplungen würde ich anraten, lieber weiter um eine Genehmigung zu kämpfen und nichts im Alleingang zu versuchen. Sie könnten auch anbieten, für die fremdsprachigen Biografien als Übersetzerin zu fungieren oder einen Verlag zu vermitteln.

Ausgabe: 06-02 (Februar 2004) Biografie, Persönlichkeitsrechte, Plagiat

Ich schreibe ein autobiografisches Buch. Darin möchte ich teilweise 1:1 einige der über 100 E-Mails verwenden, die mir mal der »Traummann« geschickt hat. Ich habe den Namen und den Wohnort geändert. Der Beruf muss wegen der Geschichte bleiben. Wie ist die rechtliche Lage? Bin ich verpflichtet, ihn um Erlaubnis zu fragen?

Sie müssen für Texte, in denen reale Personen vorkommen, auf mindestens zwei Rechtsgüter Rücksicht nehmen:
a)   die Privatsphäre der Personen
b)   das Urheberrecht der Personen
Die Privatsphäre einer Person kann durch Verfremdungen geschützt werden. Allerdings müssen diese Veränderungen so gravierend sein, dass selbst Nachbarn, Freunde und die Person selbst nicht erkennen, wer gemeint ist. Sonst benötigen Sie das Einverständnis der Betroffenen, das Sie sich am besten schriftlich geben lassen, wenn Sie spätere Streitigkeiten vermeiden wollen.
Wenn Sie (mündliche oder schriftliche) Äußerungen einer Person so umfangreich wiedergeben, dass es kein Zitat mehr ist, dann müssen Sie auch hier fragen, ob Sie den Text verwenden dürfen. Diese Person wird dann Ihr Co-Autor. Wenn Sie das nicht tun, verletzen Sie die Urheber-

rechte dieser Person und gerade Autorinnen und Autoren sollten sich dazu nicht herablassen.

Verändern Sie zudem noch die Identität der Person (wie oben beschrieben), dann wären Sie ein Plagiator, d. h., Sie schmücken sich mit fremden Federn. Dazu sollten sich Autoren noch viel weniger hergeben.

Wenn Sie auf diese rechtlichen Verpflichtungen keine Rücksicht nehmen, werden Sie es schwer haben, einen Verlag zu finden. Sie könnten diese Probleme natürlich verheimlichen und behaupten, die Personen wären fiktiv. Dann riskieren Sie aber nicht nur, von den Personen haftbar gemacht zu werden, sondern Sie könnten sogar vom Verlag wegen vorsätzlicher Geschäftsschädigung und eventuell sogar wegen Vortäuschung falscher Tatsachen verklagt werden.

Markenrechte

Ausgabe: 04-12 (Dezember 2002) **überarbeitet**
Markenschutz

Ich bin dabei, einen Roman zu schreiben, und möchte gerne wissen, ob man andere bekannte Bücher bzw. Geschichten im eigenen Manuskript verwenden kann. Meine Frage ist, kann ich meine Figuren in einer Geschichte wie »Moby Dick« etc. etwas erleben lassen? Es würde nicht ausschließlich eine, sondern mehrere bekannte Geschichten beziehungsweise Orte und Figuren in meiner Geschichte vorkommen und darin / damit interagieren.

Figuren, Handlungspassagen, Orte und Gegenstände einer Geschichte sind in der Regel nicht geschützt, sondern frei verwendbar. Allerdings kann das Markenrecht dies ändern, wenn damit Produkte verkauft werden, z. B. zu Harry Potter, Star Wars etc. In diesem Fall dürfen Sie diese Namen nicht oder nur eingeschränkt (z. B. zur Satire) verwenden. Für die weitesten Teile der Literatur können Sie jedoch Bezüge und Anspielungen ganz nach Belieben setzen.

Ausgabe: 06-04 (April 2004) Markenschutz

Ich plane, in einem Phantastik-Roman als besonderen »Gag« eine bekannte fiktive Figur aus einem Hollywood-

film auftauchen zu lassen. Sie soll natürlich nicht die Hauptrolle spielen, sondern nur eine Nebenrolle, die aber auch nicht ganz unwichtig ist. Bestehen dagegen Copyright-Bedenken?

Aus dem Urheberrecht bestehen gegen die Verwendung der Figur eines Filmes keine Bedenken, sofern nicht Originaldialoge übernommen werden.
Leider gibt es aber auch noch das Wettbewerbsrecht und viele Namen von Figuren aus Hollywoodfilmen sind als Warenzeichen geschützt worden. Wenn dem so ist, dürfen Sie den Namen nicht beliebig verwenden. Auch nicht wenn sie eine andere, ganz verschiedene Figur genauso nennen.
Daher lieber Finger weg. Den potenziellen Ärger ist der »Gag« nicht wert.

Ausgabe: 06-08 (August 2004) Markenschutz

Ich arbeite an einem Roman, in dem die Gestalten aus H. P. Lovecrafts Cthulhu-Mythos eine sehr große Rolle spielen. Meine Frage: Sind diese Figuren urheberrechtlich geschützt? Es erscheinen etwa laufend Anthologien bei diversen Verlagen – Festa, Heyne o. Ä. – mit Geschichten aus dem Cthulhu-Mythos von diversen Autoren, Lovecrafts deutsche Übersetzungen selbst wurden bei Suhrkamp verlegt.

Das Urheberrecht schützt keine Figuren, sondern nur den jeweiligen Text, in dem die Figur dargestellt wird. Nicht das der Figur zugrunde liegende Konzept. Es ist möglich, dass der Name einer Figur als Marke geschützt wurde.

Das kennt man z. B. von Harry Potter oder Luke Skywalker, deren Schriftzug dann im Handel oft von einem TM gefolgt wird.
Ob das bei den Cthulhu-Figuren der Fall ist oder nicht, kann ich nicht sagen. Dass mehrere Verlage damit arbeiten, könnte ein Indiz dafür sein, dass die Figur nicht als Marke geschützt wurde. Nachschauen lässt sich das leider relativ schwer.

Ausgabe: 08-01 (Januar 2006) **überarbeitet**
Markenschutz

Kann ich in einem Kinderbuch meinen Protagonisten Figuren treffen lassen, die bereits aus anderen Büchern bekannt sind? Wenn zu den Figuren Copyrights bestehen, wo kann ich es herausfinden? Und wäre es möglich, eine Erlaubnis zum Druck zu bekommen? Würde ein Verlag es ablehnen, so ein Buch unter Vertrag zu nehmen, aus Angst vor Copyright-Bruch?

Bei Figuren, deren »Erfinder« schon mehr als 70 Jahre tot ist, ist ohnehin jedes Urheberrecht erloschen. Auch das Markenbewusstsein spielt hier selten eine Rolle – es sei denn, es gibt moderne Veröffentlichungen mit den Figuren, z. B. Peter Pan.
Zwar gibt es auch auf jüngere Figuren keine Urheberrechte – nur auf konkrete Formulierungen eines Werkes – aber Figurennamen sind mitunter Handelsmarken. Auch das hindert nicht grundsätzlich die Namen innerhalb einer Geschichte zu verwenden, wenn dies nur einzelne Szenen betrifft und die Figur keine tragende Rolle spielt. Aber nicht jeder Verlag weiß das und nicht jeder Markeninhaber akzeptiert es. Juristische Streitigkeiten können die Folge sein.

Aber auch bei jüngeren Figuren gibt es keine Beschränkungen, denn auf Figuren gibt es ohnehin keine Urheberrechte; nur auf konkrete Formulierungen eines Werkes.
Figuren aus Filmen haben wegen Merchandisings mitunter als Warenzeichen geschützte Namen. Auch das hindert allerdings nicht, die Namen innerhalb einer Geschichte zu verwenden, wenn dies nur einzelne Szenen betrifft und die Figur keine tragende Rolle spielt.
Die meisten Verlage sollten um diese Rechtslage wissen und daher keine Schwierigkeiten machen. Garantien gibt es natürlich nicht.

Zitate

Ausgabe: 05-11 (November 2003) Zitat, Plagiat

Ich habe in einem Roman (600 Seiten) einen besonders tollen Satz gefunden. Diesen würde ich gerne in meinem eigenen Roman verwenden. Darf ich das oder verstößt dieser eine Satz bereits gegen das Urheberrecht?

Sie dürfen diesen Satz als Zitat verwenden. Dann müssen Sie allerdings den Verfasser und das Werk angeben, am besten noch Verlag, Auflage und Erscheinungsjahr. Lassen Sie die Quellenangabe weg, schmücken Sie sich mit fremden Federn, und genau das nennt man tatsächlich ein Plagiat.
Die Länge des Plagiats ist dabei nicht entscheidend! (Mit der Einschränkung, dass die Passage eine individuelle sprachliche Qualität hat – also nicht: »Guten Morgen, Herr Meyer.«)
Zitiert werden darf auch in belletristischen, dramatischen oder lyrischen Werken. Sie müssen also nicht unbedingt einen Sachtext schreiben, um den besagten Satz zu zitieren.

Ausgabe: 08-07 (Juli 2006) Zitat

In meinem aktuellen Roman spielt ein Lied aus den 80er Jahren eine Rolle; an einer Stelle werden die vier Zeilen des Refrains zitiert, der Titel mehrfach. Gibt es auch für solche Zitate Regeln? Darf ich den Refrain zitieren, ohne gegen irgendwelche Urheberrechte zu verstoßen? Oder muss ich jemanden um Genehmigung bitten? Oder ist das Allgemeingut?

Für Zitate gelten Regeln, sofern das zitierte Werk noch urheberrechtlich geschützt ist. Bei diesem Lied ist das unstrittig der Fall. Diese Regeln sagen, dass Zitate so kurz wie möglich und dem Zweck angemessen, mit Quellenangabe versehen sein müssen und keine bloße Zitatsammlung sein dürfen. Nur wenn man von diesen Regeln abweichen will, braucht man eine Genehmigung.
Wenn ein Lied-Refrain eine Rolle in einer Geschichte spielt, darf er zitiert werden. Zitieren als bloßer Zierrat ist dagegen nicht erlaubt.

Ausgabe: 08-09 (September 2006) Zitat

Wie sieht es mit dem Urheberrecht aus, wenn ich in ein Sachbuch (Ratgeber) diverse »Sprüche« einbinde (z. B. thematisch passend am Seitenrand bzw. am Kapitelanfang)? Was muss man beachten? Muss ich in jedem Fall den Autor nennen (also ggf. herausfinden, von wem der Ausspruch stammt)? Gibt es geflügelte Worte, die man so veröffentlichen darf (ohne Nennung des Autors, ohne ggf. eine Erlaubnis einzuholen)? Muss ich den Spruch in Anführungszeichen setzen? Muss ich beachten, wie lange der Autor schon tot ist bzw. ob er noch lebt?

Anführungszeichen können weggelassen oder durch anderes ersetzt werden, wenn trotzdem offensichtlich ist, wo das Zitat beginnt und endet. Nur auf Texten, deren Verfasser schon länger als 70 Jahre tot ist, liegt kein Urheberrecht mehr. Hier dürfen Sie mit dem Text anstellen, was Sie wollen. Das bedeutet auch, dass Sie nur ungefragt zitieren dürfen, wenn das Zitat für Ihren Text dringend erforderlich ist. Schmückende Sprüche sind das in der Regel nicht!

Ausgabe: 09-03 (März 2007) Plagiat, Zitat

Seit meiner Kindheit beschäftige ich mich mit dem Kartenlegen und praktiziere dieses seit Jahren. Habe in dieser Richtung schon fast alle Bücher, die es auf dem Markt gibt, gelesen und würde nun gerne selber ein Buch über das Kartenlegen schreiben. Aber: Wenn ich nun in meinem Buch die Bedeutung der verschiedenen Karten erkläre, dann ähnelt diese natürlich der Kartenbedeutung aus anderen Büchern. Wäre dies dann kein Plagiat bzw. Abkupfern?

Sie können Ihr Buch bedenkenlos schreiben. Solange Sie die Bedeutungen der Karten neu formulieren, ist das kein Plagiat. Ein Plagiat wird es erst, wenn Sie irgendwo abschreiben und den Originalverfasser verheimlichen. Auch Zitate sind erlaubt, wenn Sie so kurz wie möglich sind, die Quelle angegeben ist und wenn Ihr Text nur wenige Zitate enthält. Ein »Zitate-Puzzle« statt eigener Ausführungen ist nicht erlaubt.
Urheberrechtlich geschützt sind immer nur konkrete Ausführungen (Werke). Die Ideen dahinter sind frei.

Ausgabe: 06-01 (Januar 2004) Zitat

Nach langer Suche zeigt ein Verlag Interesse an meinem Jugendsachbuch. Der Verlag teilte mir nun mit, dass ich für alle verwendeten Zitate und zitierten Stellen eine Abdruckgenehmigung von dem Inhaber der Rechte bräuchte, sofern die Autoren noch nicht länger als 75 Jahre tot seien. [...] Von einem ehemaligen Klassenkameraden, der als freier Journalist arbeitet, habe ich erfahren, dass nach dem UrhG § 51 das Zitieren in einem durch den Zweck gebotenen Umfang erlaubt sei. Bei meiner Recherche im Internet habe ich ferner herausgefunden, dass für die Zitate ein Änderungsverbot gemäß § 62 UrhG und die Pflicht zur Quellenangabe gemäß § 63 UrhG besteht.

a) *In den Büchern / Zeitschriften, aus denen ich zitiere, steht immer im Impressum:»»Das Werk einschließlich aller seiner Teile ist urheberrechtlich geschützt. Jede Verwertung ist ohne Zustimmung des Verlags unzulässig.« – Müsste es hier nicht korrekterweise lauten:»Jede Verwertung außerhalb der engen Grenzen des UrhG«, oder brauche ich wirklich immer die Zustimmung der Verlage?*

b) *In manchen Zeitschriften sind kleine Zitatsammlungen abgedruckt. Wenn ich davon eins verwende, ist das dann noch im durch den Zweck gebotenen Umfang? Ich zitiere in dem Fall ja nicht aus einem Artikel, sondern verwende das ganze (meist ziemlich kurze) Zitat.*

c) *Als ich vor einigen Jahren als Jugendlicher begann, meine Gedanken auf »Schmierzetteln« zu sammeln, war ich leider noch nicht besonders professionell und habe mir bei einigen schönen Zitaten zwar den Verfasser notiert, nicht aber die Quellen-*

angabe. Aus meinem Gedächtnis heraus könnte ich vielleicht noch die Zeitschrift erraten und das Erscheinungsjahr mit »ca.« angeben, aber leider nicht genauer. Ist das für § 63 UrhG »Pflicht zur Quellenangabe« ausreichend? Darf man ferner in Einzelfällen auch nur den Verfasser nennen und dazuschreiben »Quelle leider unbekannt«?

d) *Manchmal möchte man ja nur die Gedanken, die schon jemand anders hatte, aufgreifen und mit eigenen Worten etwas dazu schreiben oder nur einen Begriff von jemand anderem verwenden. Im Rahmen meiner Diplomarbeit hatte ich dann immer »vgl. XY« mit entsprechender Quellenangabe geschrieben. Ist dies in Bezug auf das Änderungsverbot nach § 62 UrhG in einem Buch, das ja öffentlich erscheint und mit dem man theoretisch Geld verdienen kann (ist nicht meine Intention, sondern nur ein Hobby, aber der Verlag tut es und ich habe keine Lust, für mein Hobby verklagt zu werden), überhaupt erlaubt?*

Bevor ich auf Ihre Fragen im Einzelnen eingehe, möchte ich einen wichtigen Hinweis geben. Bei rechtlichen Fragen gibt es drei grundsätzliche Beurteilungsgrade: erlaubt, unsicher, verboten. Viele Fragen sind nicht eindeutig, sondern werden erst vor Gericht endgültig entschieden. Diese »unsicheren« Fälle sollte man daher vermeiden, wenn man kein Risiko eingehen will.

a) Verwertung und Verwendung sind zwei verschiedene paar Schuhe. Was jedem erlaubt ist, ist nicht verwertbar. Der Eintrag in den Impressen ist also richtig. Ihr leicht abgewandelter Vorschlag »Jede Verwendung außerhalb der engen Grenzen des

UrhG« auch. Einfacher: Zitate nach den Vorschriften des UrhG sind erlaubt – egal, was im Impressum steht.

b) Den Zweck bestimmt nicht die Quelle (Zitatensammlung), sondern der Einsatz (Ihr Jugendbuch). Wenn in einer Geschichte zwei Figuren über eine Passage eines anderen Textes diskutieren, ist ein Zitat dieser Passage in Ordnung, wenn es so kurz wie möglich ausgewählt wird. Das wäre ein dem Zweck gebotener Umfang. Bei Sach-, Fach- und Wissenschaftstexten muss ein Zitat ebenfalls so kurz wie möglich sein und für die Entwicklung oder Untermauerung eines Gedankenganges (zwingend) notwendig sein. – Diese Fälle sind erlaubt. Schmückendes Beiwerk oder Zusammenfassung in einem Zitat kann erlaubt sein oder nicht. Das hängt vom Einzelfall ab. – Solche Fälle sind unsicher. Zitate, die länger sind oder inhaltlich mehr aussagen als der eigene Text, sind definitiv nicht erlaubt.

c) Die Quellenangabe muss eindeutig sein, d. h. mindestens Autor, Titel, am besten auch Verlagsname, -ort und Jahr, falls es Varianten gibt.

d) Ideen genießen nach dem Urheberrecht keinen Schutz. Wenn Sie einen Gedanken aufgreifen, ist das völlig legal – ohne jede Einschränkung. Wenn Sie aber eine Formulierung aufgreifen, ist das ein Zitat, das nicht verändert werden darf. Mit Gewinnabsichten hat das übrigens nichts zu tun. Sie können auch bei nicht kommerziellen Veröffentlichungen für Ihre Fehler haftbar gemacht werden. Darum geht es übrigens auch dem Verlag. Er will das Risiko von Schadensersatz verringern. Das schützt zunächst den Verlag, schließlich aber auch

Sie. Sollte der Verlag von jemandem auf Schadensersatz verklagt werden, wird er sich die Kosten dafür vermutlich von Ihnen wiederholen. Sie sollten also sehr gut prüfen, ob und welche Risiken Sie eingehen wollen. Eventuelle Haftungen können nämlich deutlich höher sein als das Honorar.

Ausgabe: 08-12 (Dezember 2006) Zitat, Übersetzung

Ich möchte in Kürze ein Buch, in welchem überlieferte Gebete und spirituelle Texte zusammengestellt sind, herausgeben. Ich habe mich ausgiebig informiert, einige Fakten zum Thema Copyright sind mir jedoch nach wie vor unklar. Die meisten Texte des geplanten Buches wurden ja bereits vor hunderten von Jahren geschrieben. Heißt das nun, dass diese Gebete automatisch nicht mehr unter das Urheberrecht fallen?
Ich habe gelesen, dass immer nur der Autor selbst oder seine Angehörigen über ein Urheberrecht verfügen können. Weshalb haben dann die entsprechenden Verlage das Recht, eine Urheberrechtsverletzung einzuklagen, und nicht der Autor selbst?
Ich habe auch gelesen, dass es auch ein Copyright auf Übersetzungen gibt, solange diese vom Urheber genehmigt wurden. Würde das bedeuten, dass, wenn jemand ein 500 Jahre altes Gebet neu übersetzt, er das alleinige Urheberrecht für diese Übersetzung hat? Und wen müsste er dann um Erlaubnis fragen, ob er den Text übersetzen darf, wenn der Urheber seit Jahrhunderten tot ist? Ist es also möglich, dass einzelne Verlage das alleinige Vervielfältigungsrecht von z. B. Gebeten, Gedichten und Zitaten haben, deren Autoren länger als 70 Jahre tot sind?

Ich habe verschiedene Gebetsbände durchgesehen. Manche haben Quellenangaben sehr gewissenhaft angegeben, andere wiederum geben keine einzige Quelle an. Ist dies nun rechtens, da die Gebete schon so alt sind? Und genügt es, einfach die Quelle anzugeben (Gebete sind ja keine Zitate), oder muss man dann jeden einzelnen Verlag um Erlaubnis fragen? Gilt dies für alle Texte oder nur die von noch lebenden Autoren?

Ich werde nicht alle Fragen beantworten, da ich dazu in meinem Urheberrechtsskript (weiter hinten im Buch) ausführlich genug geworden bin. Den Rest gehe ich mal durch.

Das Urheberrecht schützt nur Werke, deren Urheber noch keine 70 (ganze) Kalenderjahre tot ist. Damit sind die Gebete in der Originalfassung frei verwendbar und dürfen auch ohne Erlaubnis übersetzt werden.

Zur Übersetzung: Die Übersetzung ist das Werk des Übersetzers – und der ist noch keine 70 Jahre tot. Generell gilt für Übersetzungen, dass sie nur im Rahmen der Nutzung des Originals verwertet werden dürfen. Das heißt, der Original-Urheber bestimmt, ob und wie eine Übersetzung zulässig ist (z. B. Übersetzung vom Deutschen ins Spanische zur Veröffentlichung in Spanien, aber nicht in Lateinamerika). Der Übersetzer bestimmt, ob und wie seine Übersetzung in diesem Rahmen genutzt werden darf (z. B. Veröffentlichung in Spanien zum Honorar XYZ). Bei Werken, deren Urheberrechtsschutz abgelaufen ist, ist der Rahmen der Nutzung des Originals weggefallen, d. h., der Übersetzer entscheidet allein (z. B. ob eine Veröffentlichung jetzt auch in Lateinamerika erlaubt ist).

Einzelne Verlage haben zwar nicht das alleinige Vervielfältigungsrecht von z. B. Gebeten, deren Autoren länger als 70 Jahre tot sind. Aber sie können das alleinige Vervielfältigungsrecht der Übersetzung (!) dieser Gebete, Gedichte etc. haben.

Wenn das Urheberrecht abgelaufen ist, müssen auch die Zitiervorgaben nicht mehr eingehalten werden. Nett und höflich ist es trotzdem. Für wissenschaftliche Arbeiten ist es zudem notwendig, um die eigene Arbeit transparent zu machen.

Zum Zitieren einzelner Passagen eines Gedichts oder Gebets muss auch bei geschützten Werken keine Erlaubnis eingeholt werden, solange die Quelle korrekt angegeben wird, das Zitat so kurz wie möglich ist und es keine reine Zitatsammlung ist.

Fragen zur Verlagssuche

Ausgabe: 03-06 (Juni 2001) Verlagssuche, Kurzgeschichte

Also ich würde gerne eine kleine Geschichte (ca. 20 Seiten A4) veröffentlichen und denke ganz unbestimmt, dass es doch irgendwo einen Verlag geben müsste, der immer mal wieder Kurzgeschichten sammelt und verlegt, mit denen sich junge Talente in einschlägigen Kreisen vorstellen können. Das wäre natürlich schön und gut, wenn Sie mir da so schnell weiterhelfen könnten!
Ich denke auch an so ein »Book on Demand«, obwohl ich sehr altmodisch bin und mich innerlich sehr sträube, überhaupt einen Text durch ein Kabel zu jagen. Aber Sie können mir bestimmt sagen: Da führt kein Weg mehr dran vorbei. – Oder doch?
Zum Genre – ich studiere gerne Philosophie und schreibe aus purem Interesse am Leben moderne, ja unterhaltsame Prosa zum Schlau-und-schön-davon-werden. Also kaum könnte ich da ein Genre angeben – vielleicht Pop? Deep Pop? Das will ich ja von anderen Menschen hören, was ich da eigentlich mache!

Um etwas vorwegzunehmen: Die Chancen für einen Text dieser Länge (20 A4-Seiten) stehen nicht gut, weil das für ein Buch zu kurz ist. Man muss daraus eine Anthologie machen. Entweder Sie bewerben sich bei einer passenden Ausschreibung oder Sie müssten selbst als Herausgeberin starten.

Die Wahrscheinlichkeiten liegen bei »gering« und »vergessen Sie es erst mal«. Auch vom Bild eines Verlags, der jungen Talenten ein Forum gibt, müssen Sie sich verabschieden. Ernsthafte Verlage sind Wirtschaftsbetriebe und wollen Geld verdienen. Samaritertum und Kulturförderung sind da einfach fehl am Platz. Es gibt Ausnahmen in Form ambitionierter Kleinverleger, die aber selten eine nennenswerte Auflage erreichen. – Und auch hier können Sie nicht einfach auf der Türschwelle erscheinen und den roten Teppich erwarten.

Sie haben also die Wahl, Ihr Schreiben zur Profession zu entwickeln oder zur Kunst. Bei dem ersten Modell haben Sie Chancen verlegt zu werden, müssen aber schon selbst wissen, was Sie »da eigentlich machen«. Warum sollte jemand etwas kaufen, wenn Sie selbst nicht mal wissen, wozu es gut ist?

Die andere Variante ist das künstlerische Schreiben: Da müssen Sie entweder sehr, sehr viel Glück haben und gefördert werden oder selbst für den Druck zahlen.

Vielleicht ist es bei Ihrem Interesse sinnvoller, den Text auf eins der Leseforen im Internet zu stellen, z. B. bietet www.kurzgeschichten.de ein Forum, das Ihre Ansprüche erfüllen könnte.

Ausgabe: 05-02 (Februar 2003) Kurzgeschichte, Verlagssuche

Ich habe nun seit über einem Jahr an einer Erzählung mit sprachphilosophischem Hintergrund geschrieben. Sie ist sehr dicht, und hat insgesamt 90.000 Anschläge (mit Leerzeichen) bzw. etwa 75.000 (ohne Leerzeichen). Meiner Schätzung nach ergibt das bei größerem Druck etwa 60 Buchseiten. Wie stehen meine Chancen bei Verlagen auf eine eigenständige Publikation des Werkes? Ist die Kürze ein Nachteil? Der Verlag hat immerhin weniger Risiko, weil weniger Kosten.

90.000 Zeichen entsprechen etwa 50»60 Taschenbuch-Seiten. Für viele Verlage ist das zu kurz, denn dünnere Bücher bedeuten höheres Risiko.
Zwar sind die Produktionskosten niedriger, aber um ein Buch zu verkaufen, muss Werbung und Verkaufsförderung betrieben werden. Und diese Kosten sind unabhängig vom Umfang des Buches gleich hoch. Dadurch wirken sie sich sehr schädlich auf die Gewinnspanne aus, denn dünne Bücher müssen auch magere Ladenpreise haben, damit sie überhaupt gekauft werden. Für Verlage ist die Chance kostendeckend oder mit Gewinn zu veröffentlichen bei dünnen Büchern also geringer.

Ausgabe: 07-12 (Dezember 2005) Pseudonym

Ich habe gerade mein erstes Manuskript – eine, wie ich finde, wirklich gute Fantasy-Kurzgeschichte – in einen Wettbewerb eingereicht und dabei ein Pseudonym verwendet. Das habe ich mir einfach ausgedacht und mal im Internetbuchhandel recherchiert, ob der Name nicht bereits verwendet wird. Meine Fragen: Muss ich den Name irgendwie schützen / eintragen lassen o. Ä.? Meine Adresse liegt dem Verlag zwar vor, aber könnte nicht jemand Dritten gegenüber behaupten, er habe das Manuskript geschrieben? Ist es wirklich so einfach: überlegen, ob sich das Pseudonym gut anhört und ob es noch frei ist?

Das Pseudonym muss nicht separat geschützt werden. Näheres zu dem Thema habe ich unter www.bjoernjagnow.de/pseudonyme.php ausgeführt. Jemand anderes kann sich dem Verlag gegenüber nicht einfach als Verfasser ausgeben, denn der Verlag kennt ja Originalautor und Originaladresse. Es besteht also kein Unterschied zu der Situation ohne Pseudonym.

Ausgabe: 03-05 (Mai 2001) Pseudonym, Markenschutz

Wie ist die Verwendung von »erfundenen« Künstlernamen, Personendaten und Pseudonymen eigentlich rechtlich einzuordnen? Stehen diese »falschen« Daten z. B. auch in einem »echten« Pseudonym-Pass? Wie und wo kann »Otto Normalverbraucher« sich ein rechtlich anerkanntes Pseudonym »besorgen«, um hobbymäßig als Artikelschreiber oder Autor ein Pseudonym führen zu dürfen? Wie geht man da am besten vor, um beispielsweise ein solches Schriftstellerpseudonym zu erhalten? Gibt es Online-Seiten, die über diese Problematik Auskunft geben können (Web-Adressen)? Buchempfehlungen?

Zunächst einmal möchte ich voranstellen, dass man keine rechtliche Erlaubnis braucht, um unter Pseudonym zu schreiben. Da juristisch ein Pseudonym keine Tarnidentität ist, sondern ein Markenzeichen, bedarf es lediglich der Anwendung (sofern niemand anderes dieses Markenzeichen führt).
Wer will, kann sein Pseudonym auch im Personalausweis eintragen lassen, wenn es ausreichend durch Veröffentlichungen bekannt geworden ist. Die Eintragung kann im Einwohnermeldeamt vorgenommen werden.

Da es so simpel ist, habe ich auch keine Buchtipps an der Hand. Für eine echte Tarnidentität mit Pass und fiktiven Lebensdaten reicht es wie gesagt nicht.

Ausgabe: 02-09 (September 2000) **überarbeitet** Plagiat, Verlagsanschreiben

Ich habe gerade einen ersten Entwurf eines von mir geschriebenen Fachbuchs abgeschlossen. Es handelt sich um einen speziellen Reiseführer. Meine Frage ist jetzt, welcher nächste Schritt zu tun ist. Mir sind ein paar Verlage bekannt, die wahrscheinlich an dieser Art Fachbücher interessiert sind, möchte allerdings meine Idee (Manuskript) nicht ohne weiteres aus der Hand geben, d. h., ohne es geschützt zu wissen.
Ich bin sicher, dass ein Markt für meine Idee (diesen themenbezogenen Reiseführer) in Deutschland existiert, habe aber Bedenken, dass, wenn ich mein Manuskript an jemanden schicke, dieser mir eine freundliche Ablehnung entgegenbringt, dann aber selbst die Idee aufgreift und weiterverarbeitet.
Meine Frage ist: Muss oder sollte ich meine Idee für den Reiseführer schützen lassen oder das komplett fertig gestellte Buch? Es wäre nett, wenn Sie mir Informationen über Copyright geben könnten, auch darüber, wohin ich mich am besten wende, d. h. wie ich insgesamt vorgehen soll. Wenn Sie mir meine Mail beantworten würden, wäre ich sehr dankbar, denn Sie würden mir sehr helfen.

In Deutschland ist Ihr Werk automatisch urheberrechtlich geschützt. Als Werk gilt allerdings nur die jeweilige Ausführung – nicht die Grundidee selbst -, so dass Plagiate sehr viel schwerer nachzuweisen sind.

Im konkreten Fall ist die Sorge also nicht unbegründet, dass man Ihr Manuskript ablehnen und die Idee dahinter übernehmen könnte. Die Idee selbst lässt sich aber nicht schützen! Sie können also entweder ganz darauf verzichten, mit Verlagen in Kontakt zu treten, oder das Risiko eingehen. In der Regel kommt es den Verlag ohnehin teurer, Ihre Idee neu produzieren zu lassen, als Sie selbst unter Vertrag zu nehmen.

Ausgabe: 03-11 (November 2001) Plagiat, Verlagssuche

Ich habe eine Idee für eine neue Art von Reiseführer (inhaltlicher Art). Kann ich diese Idee irgendwie schützen, bevor ich mich damit an einen entsprechenden Verlag wende? Wie muss ich vorgehen, wenn ich diese Idee, kein fertiges Buch oder Manuskript, »an den Mann« bringen will?

Ideen sind weder durch Urheber-, noch durch Patentrechte geschützt. Da haben Sie keine Chancen – nur die jeweilige Ausführung als Werk oder Prototyp / Gebrauchsmuster lässt sich schützen. In Ihrem Fall können Sie also nur Informationen zurückhalten (was Ihre Erfolgschancen senkt) oder mit offenen Karten spielen und den Verlag so begeistern, dass er auf Ihre Kompetenz setzt.

Wenden Sie sich an geeignete Verlage, die bereits im entsprechenden Reisebereich tätig sind, aber keine vergleichbaren Bücher im Programm haben. Den richtigen Ansprechpartner können Sie in der Zentrale erfragen. Adressen und Telefonnummern finden Sie in den Gelben Seiten (www.gelbeseiten.de).

Zur Planung der Akquisegespräche sollten Sie sich vorher Gedanken machen. Wie wecken Sie Interesse? Wie viel kommt am Telefon rüber – was muss in einen Brief? Wie kann ich wahrscheinliche Gegenargumente außer Kraft setzen? Dieses Thema ist umfangreicher, als es anfangs scheint; schauen Sie deshalb in die Fachlektüre zum Autorenmarketing. Inzwischen gibt es mehrere Bücher, die sich damit befassen.

Verlagsanschreiben

Ausgabe: 02-12 (Dezember 2000) Exposé, Kurzgeschichte

Ein Exposé, wie für Romane schon öfter beschrieben, lässt sich nicht ohne Weiteres auf Kurzgeschichten übertragen. Gibt es für Schreiber von Kurzgeschichten ähnliche Tipps, Regeln usw.? Wird bei Kurzgeschichten ebenfalls Rückporto erwartet? Bei wenigen Seiten bereitet eine Rücksendung schließlich mehr Kosten als ein Neudruck. Was gibt es sonst noch im Umgang mit Verlagen bei dieser Art Literatur zu beachten?

Ein Exposé lohnt sich nur dann, wenn es sich in einem Bruchteil der Zeit lesen lässt, die der Lektor für das ganze Manuskript gebraucht hätte. Also eigentlich erst ab einem Kurzroman aufwärts. Bei Kurzgeschichten würde ich stattdessen Szenario, Kernbotschaft oder Storyansatz in ein, zwei Sätzen umreißen. Nicht mehr.
Wenn eine Rücksendung der Manuskripte nicht erforderlich ist, sollte der Lektor das dem Anschreiben und den Manuskripten entnehmen können. Dann ist auch kein Rückporto erforderlich.
Die Rücksendung stammt noch aus der Zeit, als Manuskriptkopien an sich schon Arbeit bedeuteten: Weitere mühsame Stunden mit Durchschlagspapier an der Schreibmaschine zu vermeiden, war das Rückporto allemal wert. Angesichts heutiger Drucker- und Kopiertechnologien sind Rücksendungen eigentlich nutzlos gewor-

den. Zumal der nächste Lektor saubere, unverknitterte Manuskripte erwartet!

Ausgabe: 02-12 (Dezember 2000) Verlagsanschreiben

Als Hobbyautor, der nun Kurzgeschichten an diverse Verlage senden möchte, meine Frage: Wie sollten die einzelnen Seiten am besten gebündelt werden: nur lose mit einer Büroklammer in eine Plastikhülle? Lochen und auf einen Hering stecken? Oder anders?

Ich habe immer Klemm-Mappen bevorzugt, weil die Seiten problemlos herausgenommen werden können und auch beim Lesen nicht geknickt werden müssen. Wichtig ist, dass nicht fest gebunden wird! Abgesehen davon sind alle »Verpackungen« geeignet, die optisch ein bisschen was her machen, ordentlich und sauber daherkommen. Ein Textangebot ist wie eine Bewerbung für einen Job – also bitte die gleiche Sorgsamkeit walten lassen!

Ausgabe: 02-10 (Oktober 2000) Verlagsanschreiben

Ich würde gern wissen, welche Informationen über das Werk (Zeichen etc.) dem Exposé wie auch dem Manuskript beiliegen sollten. Ich wäre Ihnen sehr dankbar, wenn Sie mir eine Auflistung der vom Verlag geforderten Informationen zukommen lassen könnten.

Für die Umfangszählung gibt es zwei Varianten. Vor der Textbearbeitung am Computer hatten sich die Standardseiten mit 30 Zeilen à 60 Zeichen durchgesetzt. Die Zeilen sind dabei natürlich nicht vollständig ausgelastet, sondern es bleibt am Ende mal mehr, mal weniger Platz frei, so dass auf einer Seite nicht wirklich 1.800 Zeichen unterzubringen sind.

Die heutigen Textverarbeitungssysteme zählen problemlos die Zeichenanzahl. Hierbei müssen Satz- und Leerzeichen unbedingt mitgezählt werden, damit die Angabe eine Aussagekraft hat. Trotzdem wird auf diesem Weg nicht das gleiche Ergebnis herauskommen, als hätte man die ausgedruckten Standardseiten einfach mit 1 800 multipliziert. In der automatischen Zählung fehlen die Zeilenumbrüche.

Je nach Verlag wird die eine oder andere Zählweise bevorzugt. Um sicherzugehen, gibt man den Umfang einfach auf beide Arten an, z. B. 305.000 Zeichen / 190 Standardseiten.

Darüber hinaus macht es Sinn, im Anschreiben die anvisierte Leserschaft zu umreißen, bei Belletristik das Genre zu nennen und bei Sach- und Fachbüchern zu erklären, warum dieses Thema vom Leser gefragt wird. Weitere Details zum Inhalt gehören dann in das Exposé.

Ausgabe: 05-09 (September 2003) unveröffentlicht, veröffentlicht

Fast alle Verlage, Zeitschriften und Wettbewerbe verlangen, eingesandte Manuskripte sollten »unveröffentlicht« sein. Einige (wie zum Beispiel die Storyolympiade) schreiben ausdrücklich, dies beträfe auch Veröffentlichungen im Internet. Nur gilt auch allgemein ein Text im Internet als »veröffentlicht«? Und wie ist das mit überarbeiteten Texten?

Nehmen wir einmal an (mein aktuelles Problem), ich habe eine Kurzgeschichte in ein Internetforum gestellt, dort mit den Lesern diskutiert, noch einmal überarbeitet und möchte sie nun einer Zeitschrift anbieten, die »unveröffentlichte Manuskripte« verlangt. Habe ich jetzt ein Problem oder nicht?
Oder noch extremer, ich lasse die überarbeitete Story übersetzen und biete sie einer englischsprachigen Zeitschrift an. Gilt sie nun als schon veröffentlicht oder unveröffentlicht?

Veröffentlichung heißt im Rechtsgebrauch, dass der Autor das Werk einer Mehrzahl von Personen zugänglich gemacht hat. Allerdings ist damit nicht gemeint, dass mehrere Personen das Manuskript innerhalb eines Verlags gelesen haben, sondern erst wenn das Werk »draußen« zu lesen ist. Ist der Personenkreis streng »limitiert«, z. B. auf bestimmte Verlagsmitarbeiter oder ausgewählte Personen aus Ihrem Freundeskreis, ist dies keine Veröffentlichung.
Der Abdruck in einem Vereinsmagazin oder die Wiedergabe in einem Forum gilt als Veröffentlichung, denn es ist eine Mehrzahl von Personen beteiligt, und der Personenkreis ist nicht fest begrenzt, sondern hängt von den Anmeldungen bzw. dem individuellen Zugriff ab. Jeder könnte Mitglied werden oder das Forum besuchen – also ist das Werk veröffentlicht.
In der Verlagspraxis wird man das vermutlich sehr unterschiedlich handhaben. Kleinveröffentlichungen von unter 100 Exemplaren (z. B. in einem Clubmagazin) werden bei Belletristik in der Regel ignoriert. Im wissenschaftlichen Bereich dagegen ist das definitiv eine Veröffentlichung, die sich störend für weitere Nutzungen auswirkt.

Ausgabe: 07-09 (September 2005) Verlagssuche,
Kurzgeschichte, unveröffentlicht

Im Jahrbuch für Autorinnen und Autoren 2005 / 06 habe ich einige Adressen von Literaturzeitschriften entdeckt, denen ich meine Kurzgeschichten anbieten möchte.
Darf ich eine Geschichte mehreren Literaturzeitschriften gleichzeitig anzubieten? Wenn ja, muss ich darauf hinweisen? Muss ich vorab alle Zeitschriften anschreiben und nachfragen, ob sie auf das Erstabdrucksrecht Wert legen, oder ist das eventuell selbstverständlich?

Sie dürfen so vielen Zeitschriften Ihre Texte anbieten, wie Sie möchten. Da aber viele Verlage bzw. Redakteure trotz langer Bearbeitungszeiten nicht noch einmal nachfragen, ob die Texte noch frei sind, kann es zu Überschneidungen kommen. Da solche Parallelveröffentlichungen mitunter negativ auf Sie zurückfallen können, bleiben Ihnen nur drei Möglichkeiten, die alle Vor- und Nachteile haben:

a) Sie geben offen an, dass Sie die Arbeiten mehreren Verlagen angeboten haben, und verlangen eine Kontaktaufnahme vor Veröffentlichung. Dann behalten Sie die Kontrolle, riskieren aber, gar nicht veröffentlicht zu werden, weil die Redaktionen die Energie nicht aufbringen.

b) Sie bieten Ihre Texte lediglich »nicht exklusiv« an und behalten sich damit vor, dass Ihre Arbeiten in mehreren Zeitschriften veröffentlicht werden dürfen. Dann ersparen Sie den Redaktionen die Kontaktaufnahme, riskieren aber, nicht veröffentlicht zu werden, weil der Verlag vielleicht nur Erstveröffentlichungen bringen will.

c)   Sie bieten Ihre Arbeiten bloß einem Verlag zur gleichen Zeit an. Das ist für die Redaktionen perfekt, kostet Sie aber sehr viel Wartezeit.

Verlagseinschätzung und -beurteilung

Ausgabe: 02-03 (März 2000) **aktualisiert** Verlagssuche, ISBN

Selbstverständlich ist mir als Neuling klar, dass man bei großen Verlagen erst gar nicht vorstellig werden muss mit einem Skript, wie auch verschiedentlich geraten wurde, sich an mittelständische Verlage zu wenden. Doch das Problem dabei ist: Woran erkennt man einen mittelständischen Verlag? Oder auch einen Kleinverlag?

Zuerst einmal möchte ich widersprechen, dass man sich bei großen Verlagen nicht vorstellen sollte. Man sollte das unbedingt, aber man darf nicht damit rechnen, dass diese Verlage nur darauf gewartet hätten, Ihr Manuskript zu lesen und Ihnen Feedback zu geben. Dies ist bei mittelständischen Verlagen nicht unbedingt anders, da diese meist notorisch dünne Personaldecken haben.
Feedback erhalten Sie immer dann, wenn der Lektor das Gefühl hat, dass sich diese Zeitinvestition lohnt. Wenn Ihr Potenzial ihm sagt, dass Sie für das Verlagsprogramm geeignet sein werden, sobald Sie dieses oder jenes beachten.
Um trotzdem die Frage zu beantworten: Sie können die Größe des Verlags kaum von außen beurteilen. Viele Bertelsmann-Verlage z. B. sind für sich genommen mittelständisch, haben aber Struktur und Finanzkraft eines Konzerns im Rücken.

Beurteilen Sie stattdessen die Größe des Buchprogramms. Es sagt mehr über das Lektorat aus als Betriebs- oder Umsatzgrößen, die vielleicht zu wesentlichen Teilen gar nicht aus dem Buchbereich stammen.

Der Verlagskatalog sagt Ihnen, wie viele und welche Bücher bereits erschienen sind. Sie können aber auch erfahren, welche Zukunftsaussichten der Verlag selbst seiner Buchsparte zuschreibt. Dazu schauen Sie sich die ISBN an.

Die ISBN ist systematisch aufgebaut. Bei einer zehnstelligen (alten) ISBN benennt die Zahl vor dem ersten Strich (-)die Sprache (3 = deutschsprachig). Bei einer neuen, dreizehnstelligen ISBN steht zuvor noch ein dreistelliges Präfix. Nach der Sprachziffer folgt dann die Verlagskennung. Zwischen dem zweiten und dritten Strich steht die Buchnummer. Den Abschluss bildet die Prüfziffer.

Die ganze ISBN hat im deutschen Sprachraum immer zehn bzw. dreizehn Stellen. Deshalb sagt die Länge der Buchnummer aus, wie viele Titel maximal unter dieser Verlagskennung erscheinen können. Eine Stelle lässt zehn Titel zu, zwei Stellen hundert Titel etc. Eine Verlängerung der Titelnummer ist nicht möglich.

Doch Vorsicht! Mancher Verlag hat mehrere Verlagskennungen.

Ausgabe: 03-02 (Februar 2001) Verlagssuche

Ich habe ein höchstwahrscheinliches Angebot zur Veröffentlichung eines Romans von einem Verlag, der gerade erst im Entstehen ist – ist das überhaupt sinnvoll oder bringt eine Veröffentlichung nur bei großen Verlagen etwas?

Und wie erfahre ich etwas über diesen Verlag? Gibt es da einen Verein oder so, der mir da weiterhelfen kann? Oder habe ich vielleicht bessere Chancen bei größeren Verlagen, wenn ich schon bei einem kleineren veröffentlicht bzw. ein Angebot habe?

Wenn Sie mit »etwas bringen« die finanzielle Seite meinen, dann werfen tatsächlich nur etablierte Verlage nennenswerte Honorare ab. Kleinen Verlagen gelingt nur ganz selten die Leistung, ihre Bücher groß angelegt zu vermarkten und zu vertreiben. Das muss man schon im Hinterkopf haben. Andererseits: Was nützt die Taube auf dem Dach, wenn man nur an den Spatz in der Hand herankommt?
Zu den Informationen über Verlage: Wie sollte so ein Verein funktionieren? Anmeldepflicht und Zwangs-Seriositätstest bei Verlagsgründung harmonieren nicht mit Marktwirtschaft. Nein, um etwas über den Verlag zu erfahren, müssen Sie den Verlag persönlich kennen lernen. Da er ja noch in der Gründung ist, können Sie sonst niemanden dazu fragen. Achten Sie hier besonders auf die Details des Vertrags für Ihr Werk!
Vergrößern sich die Chancen durch Veröffentlichungen in Kleinverlagen? Das kann man unbesehen bejahen! Würden Sie einen Handwerker Ihr ganzes Wohnzimmer schreinern lassen, wenn er Ihnen völlig unbekannt ist und auf Nachfrage bisher keine Holzarbeiten verkauft hat? – In der Regel sicher nicht. Es sei denn, er ist Ihnen zufällig extrem sympathisch und Sie haben Geld nutzlos herumliegen. Bei Verlagen kommt das allerdings selten vor!
Je mehr Veröffentlichungen Sie vorweisen können, desto besser für Ihr Image. Ob dann genau diese oder jene Publikation tatsächlich förderlich ist, lässt sich aber im Voraus nicht sagen.

Ausgabe: 04-08 (August 2002) Publishing on demand, Verlagssuche, Vertrag

Ich habe ein Buch zum Thema [...] geschrieben und möchte es veröffentlichen. Ich habe nun auch verschiedene Verlage gefunden, die das Buch veröffentlichen würden, allerdings hat jeder Verlag einen eigenen Vertrag. Da ich eigentlich Heilpraktikerin bin und mich niemals mit Thema »Autoren« beschäftigt habe, war ich natürlich überfordert.
Mittlerweile habe ich mich im Internet auch kundig gemacht, wie man ein Buch veröffentlicht und was man dabei beachten muss. Ich habe teilweise auch gute Infos bekommen, die mir aber – da ich ja ein Sachbuch geschrieben habe und keinen Roman – nicht viel weiterhelfen. Der eine Verlag möchte Publishing on demand machen, da Ratgeber in der heutigen Zeit so am besten zu verkaufen seien. Der andere Verlag findet gerade Publishing on demand nicht geeignet und möchte im gängigen Offset-Druck produzieren. Wieder ein anderer Verlag macht mir ein Angebot über ein Buch als Broschur. Das Buch soll mit einer Auflage von 1.000 Stück hergestellt werden.
Ich habe bei keinem Verlag einen Autorenvertrag nach der Vorlage des Deutschen Börsenvereins erhalten. Der letzte Verlag bot mir einen »Werkvertrag« an. Die anderen Verlage haben mir einen »selbst gestrickten« Autorenvertrag angeboten.
Welcher Vertrag ist denn nun am besten? Welches Herstellungsverfahren ist am gängigsten? Was muss ich beim Abschluss eines solchen Vertrages beachten? Ist es gängig, dass man alle Rechte auf unbestimmte Zeit verkauft?

Zunächst einmal ist jeder Vertragsentwurf anders. Das gilt für Verträge zwischen Autoren und Verlagen genauso wie

für Arbeitgeber und Arbeitnehmer. Letztere heißen immer Arbeitsverträge, Erstere immer Werkverträge: Egal, was drinsteht! In Deutschland gilt eine weit gehende Vertragsfreiheit, die nur durch vereinzelte gesetzliche Regeln eingeschränkt wird. Daher kann ich Ihnen nicht sagen, welcher der vorliegenden Verträge der beste ist, denn ich kenne sie nicht.
Das Herstellungsverfahren braucht Sie als Autorin nicht wirklich zu interessieren. Höchstens, weil es Rückschlüsse auf die erwartete Auflage zulässt. Publishing on Demand lohnt sich nämlich nur, wenn man entweder a) wenig Geld vorlegen will oder b) nicht mehr als etwa 300 Stück produziert werden sollen. Ab 300 Stück (und wenn der Verlag auch Geld hat) ist Offset-Druck pro Stück billiger. – Daher würde ich, aus dieser Überlegung heraus, einen Verlag mit konventionellem Druckverfahren bevorzugen.
Es ist durchaus gängig, dass der Autor alle Haupt- und Nebenrechte räumlich und sprachlich unbegrenzt bis zum Ablauf von 70 Jahren nach seinem Tod abtritt. Leider, muss ich sagen, ist das gängig. Andererseits ist das nicht tragisch, denn wenn ein Verlag eine Weile nichts mit Ihrem Text anfängt, können Sie die Rechte zurückfordern. In Ihrem Fall sollte Sie das nicht bekümmern. Ein Thema wie [...] veraltet ohnehin. Die Laufzeit ist eher bei Belletristik problematisch.
Um die Angebote zu vergleichen, betrachten Sie: a) welche Rechte Sie einräumen, b) was Sie im Gegenzug dafür bekommen und c) wie der Verlag im Markt positioniert ist, d. h. welche Absatzchancen zu erwarten sind bzw. welche Marketingaktivitäten geplant sind.
Vertragsberatung leistet der Verband deutscher Schriftsteller in ver.di, www.mediafon.net oder Rechtsanwälte mit Schwerpunkt Urheber- bzw. Medienrecht. Sie kommen aber auch sehr weit, wenn Sie einen Blick in die Fachliteratur werfen.

Vertragsbestandteile

Ausgabe: 02-02 (Februar 2000) **überarbeitet**
Ausfallhonorar, Honorar, Vertrag

Eine meiner Geschichten soll in einer größeren Zeitschrift veröffentlicht werden. Mit dem Vertrag bin ich weitgehend zufrieden, allerdings ist noch nicht klar, wann und ob die Geschichte wirklich erscheint. Ist es sinnvoll ein Ausfallhonorar zu vereinbaren, falls es doch nicht zur Veröffentlichung kommt?

Im ersten Moment klingt ein Ausfallhonorar nach einem tollen Geschäft. Sie bekommen Geld, selbst wenn der Verlag Ihr Manuskript überraschend nicht abdruckt.
Allerdings ist der Verlag nach dem BGB bei einem bestellten (!) Werk sowieso verpflichtet das ganze Honorar zu zahlen – auch wenn die Geschichte dann nicht veröffentlicht wird. Ein Ausfallhonorar zu vereinbaren heißt also, diesen Anspruch auf das ganze Honorar zu reduzieren, weil man sich bereit erklärt, mit weniger zufrieden zu sein.
Andererseits hat das vertraglich vereinbarte Ausfallhonorar den Vorteil, dass es unstrittig ist, weil beide Seiten es unterschrieben haben. Das gesetzlich zustehende volle Honorar muss man dagegen wohl mit Rechtsmitteln durchsetzen. Im Zweifel geht die Diskussion vor Gericht, kostet Zeit, Geld und Nerven und wird jede weitere Zusammenarbeit mit dem Verlag in der Zukunft belasten.

Ausgabe: 09-02 (Februar 2007) Honorar, Vertrag

Ist ein Honorar für ein Taschenbuch gestaffelt von 5-7 Prozent (abhängig von der Verkaufszahl) akzeptabel oder Nepp? Mir erscheint es etwas wenig, allerdings erhalte ich Garantiehonorar. Ich bin Neuling im Romaneschreiben. Zweitens, im Vertrag steht, ich dürfe nun keine weiteren Bücher über denselben Gegenstand verfassen. Das ist schlimm. Ich bin Historikerin und habe mich in eine Epoche eingearbeitet über Jahre hinweg, um weiterhin Krimis in derselbigen ansiedeln zu können. Darf ich das denn nicht?

Bei Taschenbüchern ist ein Honorar von 5 Prozent vom Ladenpreis (ohne Mehrwertsteuer) aufwärts völlig normal. Es gibt auch Konstellationen, wo nur 3,5 Prozent gezahlt werden und das auch akzeptabel ist.

Die Ausschlussklausel ist auch nicht ungewöhnlich. In den meisten Formulierungen schränkt sie jedoch weniger ein, als man glaubt. Meist wird nur exakt »derselbe Gegenstand« ausgeschlossen. Im Fachbuch- und Wissenschaftsbereich ist das völlig üblich, weil die Verlage verhindern wollen, dass der gleiche Autor bei der Konkurrenz ein Alternativbuch veröffentlicht.

»Derselbe Gegenstand« ist übrigens eng zu verstehen. Ist das Thema des Buches z. B. »Die Kleidung der arbeitenden Bevölkerung im Europa des 14. Jahrhunderts«, dann dürfen sehr wohl noch Bücher zu den Themen »Die Kleidung des Adels im Europa des 14. Jahrhunderts« (nicht arbeitende Bevölkerung) oder »Die Kleidung der arbeitenden Bevölkerung im Mittelmeerraum des 14. Jahrhunderts« (Teile von Europa und Teile von Afrika) oder »Die Kleidung der arbeitenden Bevölkerung im Europa um 1400«

(Zeit um den Jahrhundertwechsel 1399/1400) veröffentlicht werden.
Bei Belletristik (Krimis, historische Romane ...) dürfte »derselbe Gegenstand« kaum zu treffen sein, sondern meist nur ein ähnlicher. Vorsichtshalber würde ich Folgeromane mit den gleichen Figuren allerdings trotzdem beim gleichen Verlag anbieten und erst nach Ablehnung woanders anfragen.

Ausgabe: 04-10 (Oktober 2002) Vertrag, Konkurrenzausschluss, Honorar

Ich habe ein sehr umfangreiches und rechercheintensives Sachbuch geschrieben und einen Verlag gefunden. Dieser hat mir nun einen Vertrag zugeschickt, mit dem ich nicht so recht einverstanden bin. Allerdings ist mir nicht ganz klar, was normalerweise in einem solchen Fall üblich ist. Vielleicht können Sie mir zu folgenden Punkten einen fachlichen Rat erteilen?
Der Vertrag sieht vor, dass ich

a) die »Rechte« räumlich (für die ganze Welt) und zeitlich unbeschränkt und ausschließlich und in allen Sprachen an den Verlag übertrage und alle Nebenrechte übertrage,

b) weder Auszüge noch ein anderes Werk erscheinen lasse, das denselben Gegenstand wiedergibt (Konkurrenzausschluss),

c) ein Honorar von x,x % für in Deutschland, Österreich und der Schweiz verkaufte Bücher vom Nettoladenpreis erhalte, jedoch außerhalb dieser Länder derselbe Prozentsatz vom Verlagsabgabepreis gilt,

d) alle notwendigen Fotos / Grafiken etc. ohne zusätzliche Kosten liefere,

e) auf Anforderung des Verlages, ohne zusätzliches Honorar, regelmäßig eine Aktualisierung für eine Neuauflage vornehme. Falls mir das nicht möglich ist, wird die Bearbeitung einem Dritten übertragen, und ich trage die Kosten.

Und als Letztes: Inwieweit akzeptieren Verlage eigentlich Vertragsverhandlungen mit einem Autor, der sein erstes Buch veröffentlichen will?

Ich gehe zuerst die Punkte aus dem Vertrag durch.

a) Der geschilderte Umfang ist durchaus normal, was nicht heißt, dass Sie nicht versuchen können, einzelne Nebenrechte aus dem Vertrag herauszunehmen.

b) Der Konkurrenzausschluss klingt nach Einschränkung, aber Sie würden doch ohnehin kein Buch mit dem »selben Gegenstand« schreiben, sondern allenfalls eines mit einem anderen Schwerpunkt im gleichen Thema. Das Wörtchen »selben« ist sehr eng zu verstehen.

c) Da der Verlagsabgabepreis niedriger ist als der Nettoladenpreis (etwa 30 – 50 % niedriger!) sollte hier nach Möglichkeit ein anderes Honorar veranschlagt werden.

d) Auch die kostenfreie Lieferung von Fotos und Grafiken ist durchaus üblich. Allerdings sollte dann auch das Honorar entsprechend sein: bei verkaufsabhängigem Honorar auf keinen Fall unter 10 %! Oder vereinbaren Sie zusätzlich zum Prozenthonorar ein Basisfixum wegen der Fotos / Grafiken.

e) Die Überarbeitung und Aktualisierung von Sach-

büchern ist absolut üblich, denn mit einer inhaltlichen Überarbeitung entsteht ja auch eine Neuauflage, die beworben wird. Der Absatz des Buches steigt wieder deutlich an und Sie erhalten durch die Überarbeitung wieder mehr Honorar. Die Übertragung auf Dritte, falls Sie die Aktualisierung nicht machen, müssten zwar Sie zahlen, aber trotzdem erhalten Sie die Mehrerlöse aus der Neuauflage – unterm Strich trifft Sie das vermutlich nicht. Wie gesagt: Es ist üblich und kaum verhandelbar.
Zu ihrer letzten Frage: Ob Verlage Vertragsverhandlungen zulassen, kommt auf das persönliche Geschick und auf das Thema des Buches an. Wenn der Inhalt so spezifisch ist, dass der Verlag ihn nur schwer oder gar nicht an anderer Stelle bekommt, oder wenn Sie dem Verlag zumindest diesen Eindruck von Ihrer Kompetenz vermitteln können, dann können Sie sehr weit nachverhandeln.
Grundsätzlich sollten Sie über jeden Punkt in einem Vertrag, der Ihnen nicht gefällt, diskutieren – selbst wenn die Chancen schlecht stehen. Manchmal ist man überrascht, wie viel Spielraum der Verlag / der Lektor noch hat!

Ausgabe. 02-11 (November 2000) **überarbeitet**
Publishing on demand, Print on demand, Book on demand, Honorar

Ich habe einen Erfolg versprechenden Roman geschrieben und wollte ihn »unzensiert« als Print-on-demand herausbringen. Ein Bekannter von mir, nebenberuflich Kleinstverleger, ist begeistert und hat mir von sich aus angeboten, das Buch als Print-on-demand herauszubringen, was ich selbst mangels Geld nicht könnte. Ferner ver-

fügt er über diverse Beziehungen zu den Medien, die ich nicht habe. Das wird sein Beitrag sein. Ich wiederum lektoriere den Text selbst, liefere ein garantiert druckfertiges Manuskript, habe das Cover entworfen, bereits mit Erfolg im Internet für das Buch geworben und werde das auch weiterhin tun. Letztlich also bin ich nicht »nur« Autorin, sondern auch verlegerisch tätig, mit dem einzigen großen Unterschied, dass ich die Print-on-demand-Kosten (so gering sie auch sind) nicht tragen kann.

Deshalb (und weil wir noch keinen Vertrag aufgesetzt haben) hier meine Frage: Kann ich unter diesen Umständen 50 % oder gar mehr vom Buchhandelsabgabepreis verlangen? Kennst du (falls du es nicht weißt) Print-on-demand-AutorInnen, an die ich mich wenden könnte, um zu erfahren, welche Konditionen in ähnlichen Fällen üblich sind?

50 % vom Abgabepreis sind definitiv nicht möglich, weil der Verlag ja auch die Produktionskosten hat und die bestimmt in der Größenordnung von 30 bis 50 % des Buchhandelspreises liegen (je nach angesetztem Ladenpreis auch mehr).

Standardwerte für Honorare bei solchen Sondersituationen gibt es da nicht. Der VS empfiehlt generell nicht unter 10 % zu gehen, aber die Realität bringt auch Autorenhonorare von 3 % hervor. – Verhandlungsgeschick ist hier gefragt. Allerdings ist es nicht ungewöhnlich, dass in Kleinverlagen die Autoren lektorieren, setzen, werben und Titelbilder gestalten. Erwarte also nicht zu hohe Zugeständnisse. Der Verlag will ja neben seiner Kostendeckung auch Geld verdienen.

Literaturagentur

Ausgabe. 03-03 (März 2001) Literaturagentur, Vertrag

Ich bin mit einer Agentur einen Beratungsvertrag eingegangen, der Manuskriptbearbeitung versprach und das Ziel hatte, eine Vermittlung am Ende der – ungewissen – Zeit anzustreben. Nach zwei Jahren Beratung war ich der Meinung, dass es jetzt wohl Zeit wäre, die Vermittlung anzugehen.
Nur war im Vermittlungsvertrag, der vor der Vermittlung abgeschlossen werden sollte, ein Passus enthalten, der mich veranlasste, bis heute nicht zu unterschreiben. Er lautete folgendermaßen:
»Aus dem Verlagsvertrag, der während der Laufzeit dieses Vertrages geschlossen wird, sowie aus allen aus diesem Verlagsvertrag resultierenden Folgeverträgen erhält die Agentur zeitlich unbegrenzt ein Honorar in Höhe von 15 % der Nettohonorare des Autors zuzüglich der jeweiligen gesetzlichen Mehrwertsteuer.«
Obwohl der Vermittlungsvertrag eindeutig den Namen des Manuskripts beinhaltete und sich darauf bezog, hat mich bis heute die Formulierung »allen aus diesem Verlagsvertrag resultierenden Folgeverträge« geschreckt, die der Agent als Nebenrechte erklärte (Taschenbuch, Verfilmung etc.). Sollte der Verlag in dem Vertrag eine Option auf ein weiteres Buch verewigt haben, würde dies doch auch von diesem Vermittlungsvertrag berührt werden, oder nicht? Selbst wenn es ursprünglich in dem Vermittlungsvertrag

nur um das benannte Manuskript ging. Der Agent war auch nicht bereit, nochmals den Namen des Manuskripts in den Passus aufzunehmen oder gar die nebulösen Folgeverträge aufzuschlüsseln.
Meine Frage an Sie (nach langer Vorrede ...): Ist dieser Passus tatsächlich üblich? Das ist nämlich das, was mir der Agent erzählte. Jeder würde diesen Passus unterschreiben müssen und selbst große Autoren hätten dies gemacht.

Der Passus ist in weiten Teilen der Agenturlandschaft leider üblich. Dass Sie sich in diesem Fall die Unterzeichnung sehr gut überlegen sollten, wird schon daraus klar, dass der Agent Sie belogen hat. Die Formulierung bezieht sich nicht auf die Nebenrechte. Die Honorarzahlungen für Nebenrechte werden nämlich bereits im Verlagsvertrag geregelt und sind somit nicht Folgeverträge. Der Passus zielt stattdessen auf andere Verträge ab: z. B. wenn Sie bei dem Verlag, der Ihr erstes (über diese Agentur vermitteltes) Manuskript veröffentlicht hat, noch ein weiteres Buch unterbringen. Selbst wenn der Agenturvertrag zu diesem Zeitpunkt bereits abgelaufen ist, würde die Agentur mitverdienen.

Den Passus würde ich auf keinen Fall akzeptieren. Entweder ersatzlos streichen oder wenigstens klar definieren, welche Folgeverträge und in welchem Zeitraum: »... sowie aus allen innerhalb von zwei Jahren nach Vertragsschluss unterzeichneten Verträgen mit zuvor durch die Agentur vermittelten Verlagen erhält die Agentur ...« – in dieser Art. Denn der ursprüngliche Passus hat noch einen Haken: Das Wort »Folgevertrag« ist nicht definiert. Geht es um eine logische Folge (weil Vertrag A durch die Agentur zustande kam, kam es auch zu Vertrag B) oder um eine zeitliche Folge (nachdem Vertrag A durch die Agentur zustande kam, kam Vertrag B)? Streitigkeiten sind also vorprogrammiert!

Ausgabe: 03-01 (Januar 2001) Literaturagentur, Vertrag, Vertragskündigung

Vor einiger Zeit habe ich einen historischen Roman geschrieben, den nun eine Agentur für mich (u. a. bei der Buchmesse) vermitteln möchte. Ich habe nun einen Verlagsvertrag bekommen, aber da ist mir einiges nicht ganz klar. Ich gebe die strittigen Passagen kurz wieder:

a) *»Der Autor beauftragt die Agentur, in allen Medienbereichen seine Werke / Buchproduktionen anzubieten [...]«*

b) *»In diesem Zusammenhang verpflichtet sich der Autor: künftig alle neuen Texte und Buchproduktionen, seien sie konkret vorliegend oder erst geplant, von Anfang an ausschließlich über die Agentur der Verwertung zuzuführen [...]«*

c) *»Der Vertrag läuft zunächst über drei Jahre, ab dem Datum des Vertragsabschlusses. Nach der letzten Vermittlung verlängert er sich jeweils um drei Jahre, wenn er nicht mit einer Frist von 6 Monaten zum Halbjahr gekündigt wird.« Ist es sinnvoll, einen Vertrag gleich für mehrere Werke abzuschließen? Ist eine so lange Laufzeit zu Beginn sinnvoll? Ist eine Provision von 15 % okay? Sollte ich andere Formate (Drehbücher, Kurzgeschichten ...), bei denen ich schon mit anderen Agenturen zusammenarbeite, ausdrücklich aus dem Vertrag rausnehmen? Habe ich als Neuling überhaupt eine Chance den o. a. Vertrag abzuändern?*

Grundsätzlich gilt bei Agenturverträgen, dass man der Agentur nur so viele Rechte einräumen sollte, wie es Sinn macht. Das kann viel sein, wenn die Agentur sich durch

Kompetenz in vielen Bereichen auszeichnet, oder wenig, wenn sie sehr spezialisiert arbeitet.

Zwischen dem »Sollte« und dem »Tun« stehen natürlich noch die Vertragsverhandlungen. Dabei soll sich ein Kompromiss zwischen Ihren und den Agenturwünschen bilden. Ob dabei ein Gleichgewicht der Kräfte oder eine Dominanz vorherrscht, hängt stark von Ihrem Auftreten ab. Machen Sie sich klar, welche Kompromisse Sie eingehen wollen und welche nicht. Entwickeln Sie Alternativen für Vertragsvorschläge, auf die Sie nicht eingehen wollen. Ob der Passus a) sinnvoll ist, sollten Sie unter diesem Blickwinkel prüfen.

Um den Passus b) werden Sie nicht herumkommen. Er ist typisch für das Agenturgeschäft, denn oft führt ein Verlagskontakt nicht zur Vermittlung des vorliegenden, sondern eines nachfolgenden Manuskripts. Da haben Sie wenig Chancen auf Änderung.

Passus c) empfinde ich als Frechheit. Nicht wegen der automatischen Verlängerung, sondern der Dauer dieser Verlängerung. Ein Jahr ist ausreichend lang.

Die Anwendung des Bezugszeitpunktes »nach der letzten Vermittlung« ist juristisch ungenau. Die letzte Vermittlung kann man ja erst bestimmen, wenn der Vertrag ausgelaufen ist. Wenn er noch läuft, ist jede Vermittlung nur die »vorerst letzte«. Ändern Sie hier auf »Der Vertrag verlängert sich jeweils um ein Jahr, wenn er nicht mit einer Frist von 6 Monaten zum Halbjahr gekündigt wird.«

Die Provision von 15 % ist üblich. Achten Sie aber darauf, dass nicht zusätzlich Vermittlungskosten der Agentur berechnet werden. Die Provision soll das ja gerade abdecken.

Wenn Sie andere Literaturformen bereits an andere Agenturen vergeben haben, können Sie diese nicht ohne Wei-

teres an die neue Agentur übertragen. Sie sind schließlich vertraglich gebunden. Wenn Sie es doch tun, müssen Sie beiden Agenturen Provision zahlen!
Eine Gegenfrage zum Abschluss: Warum verkaufen Sie Ihr Buch nicht selbst auf der Buchmesse? Was kann die Agentur, was Sie nicht können?

Ausgabe: 09-09 (September 2007) Literaturagentur, Vertrag

Ich habe jetzt ein Angebot von einer Literaturagentur erhalten, die mich vertreten möchte, um für meinen Roman einen Verlag zu finden. Die Literaturagentur erwartet bei Erfolg eine Beteiligung von 15 % an den Brutto-Einnahmen. Dazu einige Fragen:
1. *Ist die Literaturagentur [...] bekannt?*
2. *In der Vertretungsvereinbarung steht der Satz »[...] ist dabei gegenüber den Verlagen abrechnungsberechtigt im Namen des Autors.« Ist das in Ordnung?*

Diese Literaturagentur ist mir nicht bekannt, aber selbst wenn, dürfte ich sie nicht beurteilen, ohne gegen wettbewerbsrechtliche Vorgaben zu verstoßen.
Dass eine Agentur das Honorar vom Verlag einfordert und nach Abzug der Provision an den Autor auszahlt, ist nicht ungewöhnlich. Es hat für die Agentur den Vorteil, dass bei Verlagen üblicherweise leichter an Geld zu kommen ist als es ist, bei Autoren die Provision nachzufordern.
Das birgt natürlich das Risiko, dass zwar die Agentur das Honorar vom Verlag bekommt, aber dann nicht an den Autor auszahlt – da kann man dann aber die üblichen Methoden einsetzen (Mahnbescheid etc.).

Kostenzuschuss

Ausgabe: 04-05 (Mai 2002) Kostenzuschuss, Verlagssuche

Ich fand im »Spiegel« eine Anzeige des [...]-Verlags, dass man neue Autoren suche. Da ich den Verlag aber nicht im »Handbuch für Autorinnen und Autoren« finde und mir manches seltsam erscheint (»Prüfung der Manuskripte innerhalb von zwei Wochen«), habe ich den vagen Verdacht, dass das ein Druckkostenzuschussverlag sein könnte. Haben Sie da Informationen? Oder ist das tatsächlich ein seriöser Verlag, wie es die Internetseiten verkünden?

Zunächst einmal möchte ich vorausschicken, dass ich den [...]-Verlag nicht beurteilen kann, weil ich keine eigenen Erfahrungen mit diesem Haus gemacht habe. Ich weiß daher nicht, ob es ein Druckkostenzuschussverlag ist – zumal es durchaus der Fall sein kann, dass ein Verlag 99 % seiner Veröffentlichungen von den Autoren (teil-) finanziert und 1 % ohne Autorenbezuschussung.
Mein Tipp lautet daher immer, dass man sich einen Vertragsvorschlag geben lässt, wenn das Lektorat Interesse signalisiert, und man diesen Vertrag sehr genau liest. Dort steht ja drin, wer welche Verpflichtungen eingeht. Und solange nichts unterschrieben ist, schadet so ein Entwurf auch nicht.
Allerdings ist es nicht typisch, dass Verlage Geld für Werbung ausgeben, sofern sie nicht direkt mit dieser Werbung wieder Geld verdienen wollen. Sprich: Die Anzeige soll Erlöse erzielen. Lebt der Verlag üblicherweise von den Lesern, macht er

normalerweise Werbung um Leser und nicht um Autoren. Selbst wenn mal eine Anzeige für Lieferanten (also: Autoren) geschaltet werden sollte, dann nicht in der Publikums-, sondern in der Fachpresse. Für die Suche nach qualifizierten Schriftstellern ist die Anzeige im »Spiegel« eigentlich zu teuer!

Ausgabe: 04-10 (Oktober 2002) **aktualisiert**
Kostenzuschuss, Verlagssuche, ISBN, Buchhandel

Ein Verlag möchte mein Buch veröffentlichen, fordert aber einen Druckkostenzuschuss. Wie kann ich abchecken, ob es sich um einen seriösen Anbieter handelt?

Wenn beim Besuch der Verlagswebsite auffällt, dass eher Autoren als Leser gewonnen werden sollen, muss man aufpassen. Das ist nicht so schlimm, wenn die Bücher auf anderem Weg (z. B. im regulären Buchhandel) verkauft werden. Für den Buchhandel sind auf jeden Fall ISBN erforderlich. Fehlt diese, ist der Verkauf über den Buchhandel sicher nicht beabsichtigt. Aber die ISBN allein garantiert auch nichts. Versuchen Sie Bücher dieses Verlags im stationären und / oder Online-Buchhandel zu finden. Gelingt dies, ist es zumindest ein Indiz dafür, dass dem Verlag auch am Verkauf der Bücher gelegen ist.

Ausgabe: 08-06 (Juni 2006) Kostenzuschuss,
Druckkostenzuschussverlag, Zuschussverlag,
Dienstleisterverlag

Ich habe vor einiger Zeit nach telefonischen Vorgesprächen mit dem Verlagslektor ein Paket mit Leseproben,

*Exposé und Autoreninfo zugeschickt (per Mail). Nun bekam ich eine schriftliche Antwort.
Es besteht großes Interesse an meinem Manuskript. Gleichzeitig wird darauf hingewiesen, dass es sich um einen »Dienstleistungsverlag« handelt und ich mich an den Produktionskosten beteiligen müsse (Umfang ca. 130 Seiten, Autorenbeitrag etwa 1.300 Euro).
Wo besteht denn nun bei diesem Verlag der Unterschied zu einem »Druckkostenzuschussverlag«? Soll ich das Ganze vergessen und bei anderem Verlag anbieten?*

Ich zäume das »Pferd« mal anders herum auf. Sie können einen Verlag ohnehin nicht pauschal beurteilen, weil es durchaus vorkommen kann, dass die Mehrheit der AutorInnen keine Zuschüsse zahlen muss und einzelne trotzdem – oder umgekehrt.
Soll ein Autor Geld für die eigene Veröffentlichung zahlen, kann er das grundsätzlich ablehnen, vom Preis und / oder der gebotenen Leistung abhängig machen oder grundsätzlich zusagen. Egal, wie man das findet oder wofür im Detail das Geld genommen wird (Druckkosten, Marketing, Lektorat …), hier zahlt der Autor für seine Veröffentlichung an einen Verlag.
Für diese Art(en) der Publikation gibt es keinen geschützten oder gesetzlich vorgeschriebenen Begriff. Man kann es Druckkostenzuschussverlag, Zuschussverlag, Dienstleisterverlag oder auch (un-)angemessene Beteiligung nennen. Es bleibt jedoch immer dasselbe.
Die Frage müsste also lauten: Ist der Preis akzeptabel? Darauf kann ich jedoch nicht antworten, weil dabei ja auch die gebotene Leistung mit zählt:
- Welche Auflage soll hergestellt werden?
- Wie ist diese Auflage ausgestattet?

- Ist ein qualifiziertes Lektorat im Preis inbegriffen?
- Wie gut sind die Vermarktungsmechanismen dieses Verlags? Wird er sie für das Buch auch einsetzen?
- Welche Vertriebskanäle (Buchhandel, Internet ...) hat der Verlag?
- Bekommen Sie Honorar für verkaufte Exemplare? Ist es besonders hoch, weil Sie sich an der Finanzierung beteiligen?

Je nachdem wie Sie diese Fragen beantworten, kann der Preis angemessen sein oder auch nicht. Zum Vergleich können Sie mal bei Druckereien anfragen, was dort die Herstellung einer vergleichbaren Auflage kostet. Das ist dann zwar ohne Lektorat, Vermarktungsarbeit und Buchhandelsanschluss, aber es bietet eine Orientierung.

Selbst wenn der Preis angemessen ist, müssen Sie ihn sich noch leisten können. Und das heißt: Sie müssen das Geld nicht nur übrig haben, sondern auch bereit sein, es vielleicht zu verlieren. Würden Sie 1.300 Euro in Aktien investieren? Oder in der Spielbank setzen?

Ein grundsätzlicher Ratschlag gegen oder für Zuschussverlage ist m. E. nicht angebracht. Es ist eine persönliche Entscheidung. Allerdings sollte man sich vorher gut umschauen, ob es wirklich keinen Verlag gibt, der das Werk auch ohne Zuschüsse veröffentlicht.

Ausgabe: 04-11 (November 2002) Kostenzuschuss, Vertrag, Umsatzsteuer

Bei der Verlagssuche bin ich immer wieder auf Verlage gestoßen, die Unsummen als Kostenzuschuss verlangen. Teilweise haben sie mein Manuskript aber sehr genau studiert und bei mir einen professionellen Eindruck hin-

terlassen. Wie auch immer – meine Geldbörse kann da nicht mitspielen. Meine letzte Hoffnung war ein Verlag, der zusagte, ein Angebot zu senden, und dem ich dann zwei Monate nachlaufen musste. Nun habe ich es endlich und auch der Kostenzuschuss wäre für meine Geldtasche geeignet. Da das günstigste Angebot nicht unbedingt das Beste sein muss, bitte ich Sie, einen kurzen Blick darauf zu werfen und mir eine kurze Stellungnahme zu übermitteln. [...]:

a) Es wird eine Auflage von 1.500 Exemplaren gedruckt. Dem Autor stehen 15 Freiexemplare zu. Der Autor bezieht ferner beliebig Verlagsexemplare mit einem Nachlass von 25 % auf den Ladenpreis. Frei-, Pflicht-, und Rezensionsexemplare, deren Anzahl der Verlag bestimmt, sind nicht honorarpflichtig. Der Verlag ist berechtigt, nötigenfalls aus Gründen der Lagerhaltung in mehreren Teilauflagen drucken zu lassen.

b) Es wird ein Ladenpreis von Euro 10,80 festgesetzt.

c) Der Autor erhält ein Honorar von 25 % des Nettoverkaufserlöses ab dem 1. verkauften und bezahlten Exemplar. Der Abrechnungszeitraum beginnt nach Fertigstellung des Werkes! Aus wirtschaftlichen Gründen rechnet der Verlag nur ab, wenn der Betrag Euro 250,- übersteigt. Liegt ein Betrag darunter, wird er erst mit dem Honorar für das / die Folgejahr(e) zusammen ausgezahlt.

d) Der Autor zahlt einen einmaligen Kostenzuschuss auf die Herstellungskosten in Höhe von Euro 1.360,00 einschl. MwSt. und inkl. einem vierfarbigen Gesamtumschlag. Der Verlag hat das alleinige Recht, die Titelgrafik zu bestimmen! Eventuelle, vom Autor behauptete Mängel berechtigen nicht zur Zurückhaltung des Zuschusses, da dem Verlag in jedem Falle ein Nachbesserungsrecht zusteht. Der Zuschuss begründet kein Eigentumsrecht an der gedruckten Auflage. Ein Teil des Kostenzuschusses von Euro 650,00 ist zahlbar nach Erteilung des Auftrags. Der zweite Teil von Euro 350,00 bei Übersendung der Korrekturabzüge und der Rest bei Lieferung des ersten fertigen Buches.

e) *Rechte und Pflichten dieses Vertrages gelten nicht für die Rechtsnachfolger beider vertragsschließenden Parteien.*

Den Druckkostenzuschuss wollen Sie bestimmt über das Honorar wieder hereinholen. 25 % klingen gut, aber Nettoverkaufserlös ist nicht Nettoladenpreis!
Bei einem Ladenpreis von 10,80 Euro liegt der Nettoladenpreis bei 10,09 Euro (7 % Mehrwertsteuer). Nettoverkaufserlös des Verlags ist aber nicht dieser Preis, sondern das, was der Buchhändler bezahlt. Und dieser Händlerpreis liegt 30 bis 50 % niedriger. Die Nettoverkaufserlöse des Verlags liegen also zwischen 5,04 und 7,07 Euro. Davon 25 % sind 1,26 bis 1,77 Euro – dies entspricht einem Honorar zum Nettoladenpreis von 12,5 bis 17,5 %.
Das Honorar, das Sie erhalten, liegt also trotz Druckkostenzuschuss gar nicht so viel höher als bei Verlagen ohne Druckkostenzuschuss.
Ihr Zuschuss soll 1.360 Euro zu den Herstellungskosten betragen. Es müssen also 770 bis 1.080 Exemplare Ihres Buches verkauft werden, bevor Sie überhaupt Ihren Vorschuss erwirtschaftet haben. – Diese Menge ist für einen Verlag, der nicht oder kaum im örtlichen Buchhandel vertreten sein dürfte, sehr hoch.

Außerdem erhalten Sie keine Eigentumsrechte an der Auflage. Sollte der Verlag auf Teilen der Auflage sitzen bleiben (was nicht auszuschließen ist), wird er Ihnen vermutlich anbieten, diese Reste aufzukaufen, damit sie nicht irgendwann eingestampft werden. Dieses doppelte Kassieren ist durchaus üblich – auch wenn ich nicht sagen kann, ob dieser konkrete Verlag so arbeitet.
Desweiteren halte ich Punkt e) für kritisch, da Sie damit ausschließen, dass Sie Honorareinnahmen vererben können. Und sollte der Verlag mal verkauft werden, haben Sie keinen Anspruch auf Honorar vom neuen Verlag. Er darf Ihre Bücher nämlich nicht mehr verkaufen. Das kann eine Gelegenheit sein, um neu zu verhandeln, aber vielleicht ist es auch bloß das Ende der Veröffentlichung.

Fragen zur Zusammenarbeit mit dem Verlag

Ausgabe: 02-11 (November 2000) Titelwahl, Textverarbeitung, Datenübertragung, Bilder

Es interessiert mich, ob der Verlag den Buchtitel aussucht oder ob man den selbst ausdenkt und es dabei bleibt. Ich las schon einige Male, dass Verlage auf die Titel eingewirkt haben. Bei meinem Buch hat sich der Titel ein wenig überholt ... von daher meine Frage.
Und wie wird beim Verlag gearbeitet? Lesen die Lektoren tatsächlich das gesamte Buch Zeile für Zeile? Wie wird überprüft, ob alle Angaben der Richtigkeit entsprechen, speziell bei Fachbüchern? Wer trägt die Verantwortung, wenn sich eine Ungenauigkeit in fachlicher Hinsicht in dem Buch befindet?
Wer ist für das Buchcover verantwortlich? Muss man das gar selbst beisteuern?
Sollte man Manuskripte stets mit Word schreiben?
Zu guter Letzt: Wie bekomme ich ein großes Manuskript an den Verlag geschickt? Per Diskette hatte das bei meinem Buch nicht funktioniert, aus diesem Grunde schickte ich die Seiten ausgedruckt. Auf CD kann ich selbst nicht brennen und per E-Mail hatte es zunächst auch nicht geklappt, da der Dateianhang zu groß war (ich habe ein E-Mail-Postfach mit begrenzter Kapazität) – jedoch kann ich jetzt von einem anderen E-Mail-Postfach Mails mit solch großen Dateianhängen problemlos verschicken.

Buchtitel müssen mit dem Verkaufskonzept des Verlages harmonieren, daher wird der Titel zwischen Autor und Verlag abgesprochen. Allerdings hat der Verleger hierbei das letzte Wort – zumindest, wenn Sie den üblichen Passus in Ihrem Vertrag stehen haben. Gleiches gilt übrigens für das Buchcover.

Wie das Lektorat arbeitet, kann sich von Verlag zu Verlag stark unterscheiden. Normalerweise wird tatsächlich das ganze Manuskript geprüft. Heutzutage schon deshalb, weil die verwendete Rechtschreibung von den Richtlinien des Verlages abweichen kann. Andererseits gibt es kleine Verlage, die kein Lektorat vornehmen oder dieses dem Autor bzw. seinem Dienstleister überlassen.

Die inhaltliche Richtigkeit prüft der Verlag im Rahmen seiner Möglichkeiten. Bei konkreten Anleitungen (vom Kochbuch bis zum Ingenieur-Handbuch) wird oft eine Haftungsausschlussklausel im Impressum platziert, trotzdem können bei grober Fahrlässigkeit Autor und / oder Verlag zur Verantwortung gezogen werden. Nähere Details werden im Vertrag geregelt.

Manuskripte werden heute meist in elektronischer Form vom Autor abgefordert. Ob Word oder ein anderes Textformat gewünscht wird, hängt von Ihrem Kunden – also dem Verlag – ab. Sie können aber ein in Word geschriebenes Manuskript problemlos in andere Formate konvertieren, indem Sie bei »Speichern unter« z. B. TXT oder RTF auswählen. Allgemein gilt, dass Sie den Text sparsam formatieren sollen. Bilder werden nicht in der Datei abgelegt, sondern nur durch Platzhalter (»hier Bild 2.5 einfügen«) markiert. Zum einen bleibt dadurch die Datei klein, zum anderen können Bilder innerhalb einer Word- oder RTF-Datei nur schwer für den Druck aufbereitet werden.

Wenn Sie dies berücksichtigen, wird Ihr Manuskript auch bestimmt auf eine Diskette oder in eine E-Mail passen. 1,4 MB entsprechen immerhin fast 800 Normseiten oder Taschenbuchseiten. Wenn es dann doch nicht passt, sollten Sie das Manuskript in zwei oder mehr Teilen abspeichern und übertragen.

Ausgabe: 08-04 (April 2006) Vertrag, Honorar

Im vergangenen Jahr schrieb ich das Magazin [...] an und fragte nach, ob generell Interesse an der Veröffentlichung von Kurzgeschichten bestünde. Dies wurde bejaht. Als ich daraufhin drei meiner Arbeiten zur Durchsicht zusandte, erhielt ich lediglich eine Empfangsbestätigung mit der Bitte, eine Kurzvita zuzusenden, die bei eventueller Publikation einer meiner Storys erscheinen würde. Ich mailte die Vita und hörte danach nichts mehr vom Verlag. – Einen Monat später – ich war gerade im Urlaub – traf folgende Mail bei mir ein:
»Hallo, habe gerade die neue [...] aus der Druckerei erhalten. Teil mir doch bitte deine Adresse mit, damit ich dir ein Beleg-Exemplar zuschicken kann!«
Wie Sie sich vielleicht vorstellen können, war ich mehr als überrascht. Zu diesem Zeitpunkt wusste ich nicht einmal, auf welche meiner Storys die Wahl gefallen war und ob tatsächlich eine davon publiziert worden war. Von einem Honorar war bislang nicht die Rede gewesen, da derartige Gespräche nach meiner Erfahrung mit allen anderen Verlagen im Buch- und Magazin-Bereich erst nach der Auswahl der Story geführt werden. Auf meine vorsichtige Nachfrage nach einem Honorar wurden jegliche Zahlungen kategorisch abgelehnt.

Nun ja, es folgten Mahnungen, ein Mahnbescheid und schließlich nun ein Zivilverfahren, bei dem ich mein nicht erhaltenes Honorar einfordere.
Als ich heraus fand, dass [...] eine tatsächliche Auflage von 65.000 Exemplaren hat und weit über die Grenzen Deutschlands hinaus vertrieben wird, orientierte ich mich bei meiner Forderung an Magazinen ähnlicher Auflagenhöhe und wählte einen eher mittleren Seitenpreis von 200 Euro.
Obwohl ich alle Fakten belegen kann (auf Anfrage angeforderte Manuskripte, Auflagenzahl des Magazins etc.), glaubt mein Anwalt, dass es vor Gericht schwierig werden könnte zu beweisen, dass es durchaus üblich ist, vor Veröffentlichung einer Story mit dem Autor in Kontakt zu treten bzw. vollkommen unüblich ist, ohne Wissen des Autors und entsprechende Rücksprache eine seiner Arbeiten zu publizieren.
Meine Frage bzw. Bitte geht nun an Sie, ob Sie mir vielleicht einen Tipp geben könnten, wo ich eine derartige Bestätigung erhalten könnte.

Mein Eindruck ist, dass Sie bisher sehr korrekt und juristisch sauber vorgegangen sind. Das Einzige, was ich bemängeln möchte ist: Sie haben eventuell den falschen Anwalt. Er scheint sich im Urheberrecht und den damit verbundenen Branchen nicht auszukennen. Es ist unerheblich, ob es üblich ist, bei einem Autor die Verwendung vorher anzufragen.
Selbst wenn eine solche Anfrage nicht üblich wäre, haben Sie Anspruch auf eine »angemessene Vergütung«. Dies ist ausdrücklich so im Urheberrechtsgesetz genannt. Ihre Schätzungen für ein angemessenes Honorar erscheinen mir sehr plausibel.

In der Praxis ist es durchaus üblich, die Auswahl einer oder mehrere Texte dem Autor zu bestätigen. Schon allein deswegen, weil der Verlag nicht davon ausgehen kann, dass einer Veröffentlichung honorarfrei überhaupt zugestimmt wird. Der Verlag kann sich auch nicht auf irgendwelche AGBs oder das Kleingedruckte im Impressum zurückziehen, denn dann muss der Verlag beweisen, dass Sie diese AGBs oder Klauseln beim Einreichen gekannt haben. Dieser Beweis ist nur in seltenen Fällen möglich und die Gültigkeit solcher AGBs und Klauseln ohnehin zweifelhaft.

Ausgabe: 06-03 (März 2004) **überarbeitet**
Mehrwertsteuer, Umsatzsteuer

Vor kurzem erfuhr ich, dass eine meiner Geschichten in einer von einem Publishing-on-demand-Verlag herausgegebenen Anthologie veröffentlicht werden sollte. Der Verlag wollte von mir wissen, ob ich »mehrwertsteuerpflichtig« sei. Was bedeutet das genau (und gilt es für Österreich und Deutschland gleichermaßen)?

Die Regelungen zur Mehrwertsteuer sind wie alle Steuerregelungen vom Staat abhängig, in dem man das Geld verdient. Generell ist der Ort der »Leistungserbringung« entscheidend – bei Veröffentlichung in aller Regel der Verlagssitz.
Grundsätzlich gilt aber für die meisten Staaten, dass nur mehrwertsteuerpflichtig ist, wer eine bestimmte Umsatzgrenze überschreitet (in Deutschland zur Zeit 17.500 Euro). Wer nicht mehrwertsteuerpflichtig ist, kann trotzdem Mehrwertsteuer abführen und einnehmen. Dadurch

entsteht zwar ein etwas erhöhter Verwaltungsaufwand. Da man alle Ausgaben und Einnahmen für die Steuererklärung aber ohnehin auflisten muss, macht es keinen großen Unterschied, wenn man noch auf die Mehrwertsteuer achtet.

Vorteil: Man bekommt bei Einnahmen die Mehrwertsteuer sofort zusätzlich vom Verlag und die bei den Ausgaben gezahlte Mehrwertsteuer später vom Finanzamt zurück. Nur falls man gar keine Ausgaben hat, hat man von dem Verwaltungsaufwand keinen Vorteil.

In Deutschland wird auf Nutzungsrechte (z. B. bei Literatur) 7 % Mehrwertsteuer erhoben, d. h., zusätzlich zum Honorar (100 %) berechnet man noch 7 % für die Steuer und bekommt die Gesamtsumme vom Verlag.

Ausgabe: 05-08 (August 2003) Verfremdung

Ich habe derzeit ein Problem mit einem Verlag. Ein Text von mir wurde nach mehreren Überarbeitungen angenommen. Der Text ist schon beim Layouter eingereicht, und die Veröffentlichung der gesamten Zeitschrift ist für September festgesetzt. Jetzt aber habe ich mir, nur zur Kontrolle, noch einmal die fertige Version meines Textes zuschicken lassen, nachdem es hieß, dass nur noch Kleinigkeiten verändert worden sind.

Die Version, die ich jetzt geschickt bekommen habe und die für die Veröffentlichung vorgesehen ist, hat aber mit meinem Text nicht mehr viel zu tun. Der Lektor hat aus verschiedenen Versionen meiner Überarbeitung die Geschichte »neu« zusammengesetzt, den Satzbau fast überall umgestellt und sogar teilweise seine eigenen Phantasien in den Text hinein geschrieben.

Ich war total enttäuscht über diese Entwicklung und möchte mit allen Mitteln verhindern, dass dieser »fremde« Text gedruckt wird. Ich weiß aber nicht, was ich tun kann. Zwei Mails an den Lektor, der meine Geschichte »umgeschrieben« hat, blieben bislang unbeantwortet.
Können Sie mir weiterhelfen, für den Fall, dass der Lektor nicht einlenkt und meine Geschichte in seiner Version veröffentlichen will? Ich weiß nicht, wie ich mich gegen ein solches selbstgerechtes Vorgehen wehren kann.

Die Verfremdung urheberrechtlich geschützter Werke (z. B. Literatur) ohne Zustimmung des Urhebers nennt das Gesetz »Entstellung«. Sie ist absolut und unter allen Umständen verboten. Wer allerdings im stillen Kämmerlein vor sich hin »entstellt«, hat kaum Rechtsfolgen zu fürchten.

Mit der Veröffentlichung eines entstellten Textes wird der Autor in seinem Urheberpersönlichkeitsrecht verletzt. Der Öffentlichkeit wird vorgegaukelt, er habe diesen Text so verfasst. Je nach Art und Umfang der Entstellung kann dies vergleichbar mit einer Beleidigung oder einer üblen Nachrede sei. Auf jeden Fall ist es wettbewerbsschädigend für den Autor. Daher macht sich der Verlag, der entstellte Werke veröffentlicht, schadensersatzpflichtig. Dieser Schadensersatzanspruch hängt nicht davon ab, ob für die Veröffentlichung ein Honorar vereinbart war oder nicht.

Sinngemäß das Gleiche gilt übrigens auch bei falscher, fehlender oder ungewünschter Angabe des Verfassernamens.

Vielleicht können Sie den Lektor auf das Risiko ansprechen, das er eingeht, wenn er Ihren Text entstellt. Da der Schadensersatz zuerst den Verlag trifft, würde die Veröffentlichung den Verlag finanziell und im Ruf schädigen. Das könnte sich der Verlag eventuell vom Lektor zurückerstatten lassen.

Ich hoffe, dass Sie mit einem solchen Hinweis Erfolg haben. Wenden Sie sich nicht nur an den Lektor, sondern auch an einen Geschäftsführer des Verlags.

Sollte dieser Hinweis erfolglos bleiben, müssten Sie Rechtsmittel einreichen. Das kann eine einstweilige Verfügung (vor Veröffentlichung) oder eine Schadensersatzklage (nach Veröffentlichung) sein. Dazu brauchen Sie unbedingt Beistand durch einen Anwalt oder den Verband deutscher Schriftsteller (VS).

Ausgabe: 04-01 (Januar 2002) Vertrag, Satzkorrektur, Vertragskündigung

Ich bin als junge Autorin mit einem ersten Buch jetzt bei einem kleinen Verlag gelandet. Der Vertrag (Normvertrag mit geringem Herstellkostenzuschuss) ist unterschrieben, die erste Korrekturvorlage habe ich bereits vor einigen Wochen erhalten. Diese Vorlage hatte zum einen einige Satzfehler, zum anderen wurden einzelne Wörter in Abbildungen meines Originalskriptes falsch übernommen. Ich habe zu meiner Absicherung damals sofort eine Rechtsanwältin eingeschaltet, die den Verlag auf die Fehler hingewiesen hat. Ich habe die Vorlage korrigiert, weitere Änderungen (ca. 150) in Abweichung zu meinem Originalskript eingebaut und das Ganze an den Verlag zurückgesandt. Jetzt habe ich das Skript wieder erhalten – mit einer Rechnung über die Satzkosten für meine nachträglichen Änderungen und einer weiteren Handvoll kleiner Fehler.

a) Muss ich diese Rechnung bezahlen?

b)   *Kann der Verlag den Vertrag kündigen mit Hinweis darauf, dass eine Zusammenarbeit mit mir nicht möglich ist? Wer trägt dann die Satzkosten, wenn der Verlag kündigt?*

Ich zitiere an dieser Stelle erst mal § 8 des Normvertrags, damit Sie vergleichen können, ob die Lage bei Ihnen ebenso ist:
»Die erste Korrektur des Satzes wird vom Verlag oder von der Druckerei vorgenommen. Der Verlag ist sodann verpflichtet, dem Autor in allen Teilen gut lesbare Abzüge zu übersenden, die der Autor unverzüglich honorarfrei korrigiert und mit dem Vermerk ›druckfertig‹ versieht; durch diesen Vermerk werden auch etwaige Abweichungen vom Manuskript genehmigt. Abzüge gelten auch dann als Çdruckfertigí, wenn sich der Autor nicht innerhalb angemessener Frist nach Erhalt zu ihnen erklärt hat.« […]
»Nimmt der Autor Änderungen im fertigen Satz vor, so hat er die dadurch entstehenden Mehrkosten – berechnet nach dem Selbstkostenpreis des Verlages – insoweit zu tragen, als sie 10 % der Satzkosten übersteigen. Dies gilt nicht für Änderungen bei Sachbüchern, die durch Entwicklungen der Fakten nach Ablieferung des Manuskripts erforderlich geworden sind.«
Sie haben die erste Korrekturvorlage (nach Absatz 1) erhalten und darin Korrekturen gemacht. Vor der Rücksendung hätten Sie »druckfertig« markieren müssen, was im Zweifel aber durch die bloße Rücksendung unterstellt wird.
Der Verlag wäre jetzt verpflichtet, diese Korrekturen zu bearbeiten. Auf eigene Kosten, denn der Satz ist ja noch kein fertiger Satz. Diesen Status erreicht der Satz erst, wenn Ihre Korrekturen eingepflegt sind. Wird dies unvoll-

ständig oder fehlerhaft gemacht, muss der Verlag wieder auf eigene Kosten nachbessern. Nur wenn Sie neue Korrekturen nach der Angabe »druckfertig« einfügen, haben Sie die Kosten für diese neuen Korrekturen zu tragen.
Wie dies in Ihrem Fall abgelaufen ist, wissen Sie selbst am besten. Sollten Sie tatsächlich Kosten tragen müssen, bleibt diese Pflicht auch bei Vertragskündigung bestehen. Eventuell hat der Verlag aber gar keinen Anspruch gehabt, der weiter bestehen könnte.

Ausgabe: 09-08 (August 2007) Vertrag

Ich habe mit dem Verlag [...] einen Vertrag für die Veröffentlichung meines Erstlingswerkes abgeschlossen [...]. Laut Vertrag wurde mir die Veröffentlichung meines Buches für April 2007 zugesagt. Bis heute habe ich [erst wenige Seiten] zur Korrektur erhalten, und die Veröffentlichung verzögert sich dadurch um vielleicht 6 – 8 Monate. Die Begründung: Man wäre zurzeit mit den Korrekturen für Manuskripte beschäftigt, die in der nächsten Zeit zum Druck kommen sollten. Um mein Manuskript würde man sich danach verstärkt im Herbst kümmern.
Können Sie mir bestätigen, dass dies eine korrekte Vorgehensweise ist? Kennen Sie diesen Verlag? Wenn ja, welchen Ruf hat dieses Unternehmen?

Im engeren Sinne korrekt ist dieses Vorgehen nicht. Denn wenn im Vertrag zugesagt wurde, dass die Veröffentlichung im April stattfindet, dann muss das (eigentlich) auch eingehalten werden.
Nun ist es aber nicht unüblich, dass bei solchen Terminen steht »soll im April 2007 erscheinen«. »soll« bedeu-

tet, dass es keine Pflicht ist. Verpflichtende Formulierungen sind »muss im April 2007 erscheinen«, »wird im April 2007 erscheinen« oder »erscheint im April 2007«. Aber selbst wenn der Termin tatsächlich verpflichtend vereinbart wurde, ist das Buch nun mal trotzdem nicht im April erschienen. Die Frage ist nun also, was tun.

In beiden Fällen (soll / muss) würde ich schriftlich eine Nachfrist setzen, z. B. indem ich mitteile, dass ich das verzögerte Erscheinen akzeptiere, allerdings auf einer Veröffentlichung bis spätestens Ende 2007 bestehe – andernfalls würde ich vom Vertrag zurücktreten. (Was bedeutet, dass ich mir einen anderen Verlag suchen muss.)

Wenn die erneute Verlagssuche für Sie nicht in Frage kommt, dürfen Sie solche Fristen natürlich nicht setzen. Es gibt nichts Blamableres, als ein Ultimatum zu setzen, dass man dann nicht einhält. Sie können aber natürlich auch eine längere Frist setzen (z. B. April 2008), nach der Sie dann keine Lust mehr auf diesen Verlag haben.

Eine Beurteilung des Verlages kann ich Ihnen nicht geben. Zum einen ist er mir nicht persönlich bekannt. Zum anderen würde ich dann ja nur eine individuelle Erfahrung beurteilen können und nicht das generelle Verhalten dieses Verlags. Und schließlich darf ich solche Beurteilungen schon aus wettbewerbsrechtlichen Gründen nicht abgeben.

Ausgabe: 10-10 (Oktober 2008) Vertragskündigung

Ich habe ein Buch geschrieben, welches bei einem kleinen Verlag verlegt werden sollte. [...] Nun sieht es aber so aus, dass der Verlag umgegangen ist und man als Autor nun in der Luft hängt. Die Dame des Verlages ist sehr unfreund-

lich und hüllt sich in Schweigen. Sie war nicht einmal fähig, mir mitzuteilen, wie der weitere Verlauf ist, statt dessen erhalte ich (vorausgesetzt, sie meldet sich mal auf meine Anfrage) böse E-Mails. Auch habe ich herausgefunden, dass viele Dinge nicht der Wahrheit entsprechen, die sie mir mitgeteilt hatte. Auch hat die Dame des Verlages sich nicht an den Vertrag gehalten, wo ich auch schon einige Vertragsbrüche festgestellt habe. [...] Man möchte mir auch nicht die Druckerei nennen, in der mein Buch gedruckt werden soll. [...]
Einen Anwalt kann ich mir nicht leisten, und Ärger möchte ich auch keinen. Können Sie mir sagen, wie weiter verfahren wird, wenn ein Verlag nicht mehr besteht? Was geschieht mit meinem Buch? Was geschieht mit meinem Vertrag? Wie bekomme ich Informationen über den aktuellen Stand dieses Verlages?

Das ist sicher alles sehr frustrierend. Wenn ein Geschäftspartner seine Tätigkeit aufgibt, muss er trotzdem alle Vertragspflichten einhalten oder Konkurs anmelden. Aber ..., wenn er es nicht macht, kommen Sie kaum ohne Anwalt aus, denn Recht haben und Recht durchsetzen, das sind zwei verschiedene Paar Schuhe.
Ich darf jedenfalls aus gesetzlichen Vorgaben keine rechtliche Einzelfallberatung machen, deswegen bleibt meine Antwort etwas vage oder »abgehoben«.
Generell haben Sie keinen Anspruch, sich am Verlag vorbei an die Druckerei zu wenden. »Ihr« Buch ist es nicht. Es ist »Ihr« Werk – das Buch gehört dem Verlag.
Wenn Sie keinen »Ärger« wollen, ist es schwer, denn ein wenig Ärger müssen Sie schon machen. Zumindest wenn Sie den Vertrag kündigen und die Rechte am Werk zurückholen wollen. (Genaueres dazu unter www.media-

fon.net. Dort gibt es auch eine recht kostengünstige rechtliche Telefonberatung.) Wenn Sie die Rechte für die Nutzung des Werks zurückgeholt haben, dann bekommen Sie noch immer nicht die Bücher. Der Verlag darf die Bücher aber auch nicht mehr verkaufen, sondern muss sie vernichten lassen (Makulatur).
Bevor Sie die Rechte zurückrufen können, müssen Sie dem Verlag sagen, was er falsch macht, und ihm Fristen setzen, das zu ändern. Listen Sie auf, dass er Bestellungen nicht ausführt, Abrechnungen nicht erstellt etc. Aber achten Sie darauf, dass der Verlag dazu auch wirklich verpflichtet ist (im Vertrag suchen). Nur weil Sie es gerne hätten oder es nützlich wäre, ist es nicht verpflichtend.
Gerade bei Verlagen, die von einzelnen Personen geführt werden, ist das Risiko leider groß, dass etwas schief läuft.

Ausgabe: 08-10 (Oktober 2006) **aktualisiert**
Verlagswechsel, Vertragskündigung, Titelschutz

Ich habe bei einem Buch, das als erste Ausgabe einer neu geschaffenen Reihe des Verlages erscheinen sollte, sowohl Titel, Inhalt, Text als auch Bildmaterial und dieses in druckfertigen Scans zur Verfügung gestellt und mit dem Verleger zusammen das Konzept entwickelt [...] Ich habe zusammen mit der Mediengestalterin des Verlags das Layout erarbeitet.
Dann bekam ich das »satzfertige« Buch zur Schlusskorrektur und den Vertrag zugeschickt. Ich habe diese Vorlage abgelehnt, da Bilder vergessen wurden, dadurch der Text einzelner Kapitel zu kurz war und der freie Raum dann durch den Verleger ohne Rücksprache mit eigenem Text »aufgefüllt« wurde. Die Seiten wurden mit Elemen-

*ten wie Suchspiel, Kreuzworträtsel, Buchstabenrätsel etc. vom Verleger ergänzt, obwohl ich vorher ausdrücklich darauf hingewiesen hatte, dass Elemente, die von Kindern ausgefüllt werden müssen, in einem Sachbuch, das auch in Bibliotheken angeboten werden soll, nichts zu suchen haben.[...]
Ich habe das korrigierte Manuskript zurückgeschickt und um eine Korrektur gebeten. Nachdem ich vier Wochen nichts gehört hatte und der Verleger auch weder telefonisch noch per E-Mail zu erreichen war, habe ich ihm per Brief eine Frist gesetzt, nach deren Ablauf ich vom Projekt zurücktrete.
Und nun langer Rede, kurzer Sinn, ich möchte das Buch nun im Eigenverlag herausbringen. Inwieweit hat der Verleger daran, z. B. was den Titel und die inhaltliche Gestaltung betrifft, ein Urheberrecht?*

Zunächst einmal fehlt mir eine entscheidende Information: Ist der Vertrag schon unterschrieben oder nicht? Nur wenn er noch nicht unterschrieben ist, können Sie »einfach so« zu einem anderen Verlag bzw. Selbstverlag wechseln. Der Verlag, mit dem Sie momentan in Kontakt sind, hat Urheberrecht an den bisherigen Layouts.
Der Titel ist nicht urheberrechtlich geschützt, allerdings hat der Verlag möglicherweise für den Titel Titelschutz beantragt. Damit wäre der Name für sechs Monate (seit Erscheinen der Titelschutzanzeige) gesperrt. Weil es für Titelschutzanzeigen keine zentrale Meldestelle gibt, können Sie das von Agenturen recherchieren lassen, z. B. bei www.titelschutz-recherche.de oder www.titelschutz24.de.
Manchmal geht es aber auch einfacher: Bei Amazon habe ich bereits diverse Audio-CDs mit gleichem Titel, darunter auch eine mit ISBN gefunden. Ich würde den Titel schon

wegen dieses vorhandenen Artikels nicht verwenden. Weitere Informationen zum Titelschutz finden Sich beim Börsenverein des Deutschen Buchhandels (Link siehe Anhang)

Ausgabe: 08-05 (Mai 2006) Kostenzuschuss, Honorar, Verwertungsgesellschaft

Ich habe vor ca. fünf Jahren ein wissenschaftliches Buch (meine Diplomarbeit) veröffentlicht. »Natürlich« musste ich damals hierfür einen hohen Druckkostenzuschuss entrichten. Ich habe seither nicht einmal unaufgefordert die jährlichen Honorarabrechnungen mit den angeblichen Verkaufszahlen erhalten – ich musste immer erst mal selbst lästig rumnerven, bis die Abrechnung kam. Das Buch ist sicher kein Bestseller. Dennoch habe ich Zweifel an den angeblichen minimalen Verkaufszahlen. (Aus gleichem Grund bietet der Verlag mir nun an, künftig auf die jährliche Abrechnung – angeblich branchenüblich nach fünf Jahren – zu verzichten.) Nun meine Fragen:
a) *Der Titel ist damals auch bei der VG Wort gemeldet worden. 2001 habe ich einmal Geld bekommen, danach aber nie wieder etwas von der VG Wort gehört bzw. bekommen. Ist das korrekt so?*
b) *Ist der Verzicht auf jährliche Honorarabrechnung beim Verlag korrekt und branchenüblich?*
c) *Gibt es eine Möglichkeit, die mir vom Verlag präsentierten Verkaufszahlen zu kontrollieren?*

a) Die VG Wort honoriert Veröffentlichungen anhand eines komplexen Schlüssels. Hauptbestandteil bei Fachbüchern sind die Bibliothekantantiemen. Dazu werden die Bestände großer Bibliotheken abgefragt und anhand dieser Stichproben aufgeführte Bücher honoriert. Die übrigen Bücher, die in keiner oder nur in wenigen kleinen Bibliotheken stehen, bekommen eine einmalige Pauschale.

b) Der Verzicht auf eine jährliche Honorarabrechnung ist nicht branchenüblich, zumindest nicht in dem Sinne, dass das alle machen. Es kommt sicherlich häufiger vor, wenn Bücher nicht gut »laufen«. Wenn dieser Verzicht nicht schon im Vertrag geregelt ist, brauchen Sie sich darauf aber nicht einlassen. Schließlich verschenken Sie dann die Zinsen für die Zeit, in der Sie zusätzlich auf Ihr Honorar warten.

c) Die Kontrolle der Verkaufszahlen hängt davon ab, wie Ihr Vertrag aussieht. Üblicherweise steht dort ein Passus, dass Sie einen Wirtschaftsprüfer beauftragen können, um die Honorarabrechnung zu kontrollieren. Meist übernimmt die Kosten für den Wirtschaftsprüfer der Verlag, wenn ihm ein Fehler nachgewiesen wird. Ist die Abrechnung korrekt gewesen, muss der Autor den Wirtschaftsprüfer zahlen. Das ist aber nicht generell so, sondern hängt von Ihrem Vertrag ab. Schauen Sie dort nach, ob etwas geregelt ist. Wenn nicht, brauchen Sie Beratung, z. B. vom Verband deutscher Schriftsteller (VS) bzw. ver.di, von www.mediafon.net oder von einem Anwalt, der sich auf Urheber- und / oder Medienrecht spezialisiert hat.

Ausgabe: 08-08 (August 2006) Vertrag, Übersetzung

Wir haben ein Sachbuch, das auch schon in der 3. Auflage hier in Deutschland verlegt wird. Der Verlag hat auch

schon (mit Hilfe unseres Sponsors) geschafft, zwei Lizenzen nach Japan und Russland zu verkaufen. Da aber eine englische Ausgabe immer noch auf sich warten lässt, wollen wir das nun selber in die Hand nehmen.
Wir wollen folgendermaßen vorgehen: Bisheriges Exposé überarbeiten und übersetzen lassen, per Internet passende Verlage heraussuchen. An diese senden wir das Exposé dann per E-Mail oder per Post. Meinen Sie, das Vorgehen ist okay so oder gibt es noch was zu verbessern?
Falls wir tatsächlich Erfolg haben sollten – ich bin auf der Suche nach Literatur über das internationale Lizenzgeschäft für das Buchgeschäft. Ist ihnen da irgendetwas bekannt?

Wenn ich die Ausgangssituation richtig verstanden habe, haben Sie einen Verlag, der auch bereits erfolgreich Lizenzen ins Ausland vermittelt hat, allerdings nicht in den englischsprachigen Raum, d. h., dieser Verlag hat einen Anspruch darauf, dass Sie a) keine Lizenzgeschäfte ohne seine Beteiligung abschließen, und b) könnte er sogar darauf bestehen, dass Sie es auch gar nicht erst versuchen!
Allerdings dürften wohl die meisten Verlage froh sein, wenn sie Arbeit abgenommen bekommen und trotzdem Lizenzeinnahmen bekommen. Für Sie bedeutet das, dass Sie möglicherweise die ganze englischsprachige Veröffentlichung anbahnen und dem deutschen Verlag trotzdem seinen Anteil am Lizenzerlös abgeben müssen (üblicherweise 40 bis 60 %). Außerdem benötigen Sie für die Vergabe der Lizenz seine Zustimmung.
Daher schlage ich vor, dass Sie Ihre durchaus sinnvollen Aktivitäten nur in enger Abstimmung mit Ihrem deutschen Verlag ausführen, um spätere Probleme kurz vor Vertragsabschluss zu vermeiden.

Fachlektüre zum Lizenzgeschäft kann ich leider nicht anbieten, da dieses Spezialgebiet ständig starken Veränderungen unterliegt. Immerhin kommt es jeweils auf die Kombination mindestens zweier Urheberrechtssysteme an, die je nach Nation des Verhandlungspartners wechseln. Da wird es keine einfachen Antworten geben.

Ausgabe: 05-01 (Januar 2003) **aktualisiert**
Überarbeitung, Vertrag, Bearbeitung, Neuauflage

Ich habe 1996 ein Sachbuch zu einem technischen Thema geschrieben und dazu mit einem Verlag einen Autorenvertrag abgeschlossen. Da ich völlig unerfahren war, habe ich nicht gemerkt, was das für ein Knebelvertrag ist. Neben dem Schreiben des Manuskripts habe ich mich noch um alle Formatierungen, Formelsatz, Stichwortverzeichnis, technische Abbildungen und um die Produktion einer CD gekümmert.
Die Zusammenarbeit gestaltete sich sehr schwierig und war wenig vertrauensvoll. Da sich das Buch jedoch sehr gut verkauft hat, habe ich mich 1999 nach langem Zögern überreden lassen, die zweite Auflage vollständig zu überarbeiten und zu erweitern. Wegen der rasanten technischen Entwicklung waren dazu wieder einige tausend Stunden Arbeit notwendig.
Nun wendet sich der Verleger wieder an mich. Er schreibt: »Die letzte Auflage wird in absehbarer Zeit abverkauft sein. Ich halte es für einen guten Zeitpunkt, das Werk wieder auf den neuesten Stand zu bringen. Geben Sie mir bitte Bescheid, ob Sie der gleichen Ansicht sind und ob Sie eine solche Überarbeitung übernehmen.«
Darauf teilte ich ihm mit, dass ich dazu aus zeitlichen Gründen nicht in der Lage sei, und bat ihn, eine andere

Lösung zu finden. Da antwortete er mir: »Meine Frage bezog die Tatsache ein, dass Sie – wie es im Autorenvertrag steht – verpflichtet sind, das Werk zu überarbeiten. Da Sie als Autor das Werk besser kennen als jeder andere, wäre es also am besten, wenn Sie diese Arbeit auch übernehmen würden. Ich möchte Sie also bitten, mir mitzuteilen, wann Sie frühestens dazu in der Lage wären.«
Der diesbezügliche Passus aus dem Autorenvertrag, auf den er sich offenbar beruft, lautet: »Der Autor ist berechtigt und, wenn es den Charakter des Werks erfordert, auch verpflichtet, das Werk für weitere Auflagen zu überarbeiten; wesentliche Änderungen von Art und Umfang des Werks bedürfen der Zustimmung des Verlages. Ist der Autor zur Bearbeitung nicht bereit oder nicht in der Lage [...], so ist der Verlag zur Bestellung eines anderen Bearbeiters berechtigt. Wesentliche Änderungen des Charakters bedürfen dann der Zustimmung des Autors.«
Meine Fragen in diesem Zusammenhang:

a) *Ist ein solcher Passus rechtlich überhaupt zulässig? Das ist ja ein Kettenvertrag! Der Verlag könnte mich wegen der ständig fortschreitenden technischen Entwicklung noch für die hundertste Auflage zwingen, jedes Mal praktisch ein neues Buch zu schreiben.*

b) *Wenn ich mich weigere, kann mich dann der Verlag mit den Kosten der Bearbeitung durch einen Co-Autor belasten oder mir das Honorar für die nächste Auflage ganz streichen?*

Ich kann Ihnen nur raten, sich Rechtsberatung zu holen, z. B. beim Verband deutscher Schriftsteller (VS), bei www.mediafon.net oder einem Anwalt mit Schwerpunkt Urheber- und / oder Medienrecht. Ich gebe Ihnen aber gern meine Eindrücke, ohne dass Sie das als abschließendes Urteil auffassen dürfen.

a) Dieser Passus ist rechtlich absolut einwandfrei und bei Sachbüchern ohnehin der Normalfall. Da jede Überarbeitung zu einer Neuauflage führt, bekommen Sie im Gegenzug ja auch wieder mehr Honorar. Da können Sie rechtlich nicht gegen an. Sie können sich höchstens weigern und mit den Folgen leben.

b) Beide Varianten sind im Ergebnis zulässig. Streng genommen bekommen Sie für die Neuauflage Honorar abzüglich der Kosten für den Co-Autor, aber Ihr Honorar kann dabei durchaus ganz »aufgebraucht« werden. Oft steht aber eine entsprechende Regelung dort, wo die Überarbeitungspflicht verankert ist. – Falls nicht, unbedingt mit einem Anwalt beraten!

Es tut mir Leid, dass ich Ihnen keine positivere Rückmeldung geben kann. Sie haben die Alternative zwischen »keine Überarbeitung machen«, »eine schlechte Überarbeitung machen« und »eine gute Überarbeitung machen«. Alles hat seine Vor- und Nachteile. Der Verlag hat Ihnen zum Glück signalisiert, dass er bereit ist, auf Ihre Überarbeitung zu warten. Sie könnten also antworten, dass eine vernünftige Überarbeitung lange dauert. Dann brauchen Sie sich wenigstens nicht zu hetzen.

Ausgabe: 04-05 (Mai 2002) Kostenzuschuss, Vertrag

1998 habe ich bei einem Verlag ein Buch veröffentlicht. Dieses Projekt habe ich, wie die anderen Autoren des Verlags, mitfinanziert mit einer beträchtlichen Summe. Abge-

sehen von der schlechten Vermarktung seitens des Verlags hat sich der Verlag zu einer Auflage von 1.600 Stück verpflichtet. Durch den Verkauf des Verlags an einen anderen Inhaber ist nun ans Tageslicht gekommen, dass bei den meisten dort veröffentlichten Büchern nicht mal die Hälfte der vereinbarten Auflage wirklich gedruckt wurde. Bei mir waren es gar nur ca. 200 Exemplare. An einem Nachdruck hat der Verlag kein Interesse.
Für uns als eher unerfahrene Autoren ist es sehr schwer, die ersten Schritte in diesem Fall zu gehen. Können Sie uns eventuell einige Tipps geben, wie sich die Rechtslage hier verhält?

Für eine individuelle Rechtsberatung wenden Sie sich bitte an einen Anwalt, den Verband deutscher Schriftsteller (VS) oder www.mediafon.net.
Der neue Verlag ist Rechtsnachfolger des alten Verlags, d. h., wenn die vertraglich zugesicherte Auflage nicht gedruckt wurde, können Sie a) Nachdruck oder b) Rückzahlung verlangen. Da der Nachdruck ohne Verkauf nichts nutzt, würde ich die Rückzahlung von einem Teil der Zuschüsse bevorzugen. Hier könnte man Folgendes rechnen: tatsächlich gedruckte Auflage (200) zu vereinbarte Auflage (1.600) sind 12,5 % – also wurden 87,5 % nicht erfüllt und somit könnten auch 87,5 % Ihres Zuschusses zurückgefordert werden.
Leider wird dies zwangsläufig in einen Rechtsstreit münden. Lassen Sie sich entsprechend beraten! Wenn Sie die Zahlen belegen können, haben Sie gute Chancen.

Ausgabe: 03-04 (19. April 2001) **aktualisiert**
Verlagsgesetz, Vertrag, Vertragskündigung

Nach mehreren Überarbeitungen eines Jugendbuchmanuskripts sandte ein Verlag mir am 18.09.1998 den Verlagsvertrag zu, den ich unterschrieben habe. Im Oktober 2000 dann die böse Überraschung: Der Verlag teilte mir mit, dass er verkauft worden war. Der neue Verlag übernahm alle Rechte, wozu ich eine ergänzende Vereinbarung unterzeichnete.
Heute bekam ich wieder Post vom Verlag. Die Lektorin muss mir »zu meinem größten Bedauern mitteilen, dass wir vom Vertrag vom 18.09.98 zurücktreten müssen.«

a) *Was kann ich tun? Kann der Verlag so einfach von der Veröffentlichung zurücktreten?*

b) *Was kann ich tun, um sicherzustellen, dass mein zweiter Roman nicht in einem Jahr das gleiche Schicksal erleidet?*

c) *Überall wird auf das »Verlagsrecht« verwiesen, doch wenn man dieses einsehen will, ist nichts darüber zu finden, nicht einmal im Börsenverein. Bücher behandeln meist vorwiegend das Urheberrecht. Wo kann ich mich schlau machen? Was kann ich tun? Oder ist, da dieses Gesetz ja wohl schon recht alt ist, jeder Fall speziell zu verhandeln?*

Da ich den zugrunde liegenden Vertrag nicht kenne, kann ich nicht sagen, was zu tun ist bzw. welche Möglichkeiten offen stehen. Der Rücktritt vom Verlagsvertrag ist zwar grundsätzlich unter bestimmten Umständen (z. B. verspätete Manuskriptablieferung) zulässig, aber oft werden im Vertrag noch weitere Möglichkeiten (z. B. schlechte Verkaufszahlen) zugelassen. Ist keine gesetzliche oder verträgliche Voraussetzung gegeben, kann man darauf bestehen, dass eine Veröffentlichung erfolgt. Immerhin hat sich Ihr erster Verlag dazu verpflichtet, und der jetzige hat diesen Vertrag übernommen.

Mit der Veröffentlichung allein ist es aber nicht getan. Wenn man den Verlag dazu zwingt, wird er vermutlich eine halbherzige Miniproduktion herstellen und keine Werbung betreiben. Mit dem Absatz sieht es dann schlecht aus und bei verkaufsabhängigen Honorarsätzen kommt auch kein Geld zum Autor zurück.

Ich würde es daher mit einem Aufhebungsvertrag versuchen, sprich der Auflösung des Vertrags zustimmen, wenn der Verlag eine Ablösesumme bezahlt. Danach muss das Manuskript zwar neu untergebracht werden, aber es kommt wenigstens überhaupt Honorar ein.

Die Höhe der Ablösesumme hängt vom Verhandlungsgeschick ab. Je deutlicher man darauf pocht, dass man die Kündigung nicht akzeptieren muss, desto mehr kann man verlangen. Ich würde auf keinen Fall weniger als eine eventuelle Vorauszahlung akzeptieren. Gab es keinen Honorarvorschuss, dann würde ich die Verhandlungen bei dem Honorar von 1.000 verkauften Exemplaren anfangen.

Für den Fall, dass tatsächlich eine Rücktrittsklausel im Vertrag steht, kann man nicht mehr erwarten als dort geregelt wurde. Immerhin hat man das unterschrieben und somit akzeptiert.

Dass Ihnen beim nächsten Roman das Gleiche noch einmal passiert, können Sie leider nicht verhindern.

Es liegt nicht am Alter der Gesetze, wenn es keine pauschalen Antworten gibt, sondern an der Komplexität der Rechtsfälle. Jedes Detail kann zu einem anderen Ergebnis führen, denn die Beziehungen zwischen Autoren und

Verlag basieren auf Verträgen. Dafür gibt es zwar Muster, aber keine verpflichtenden Vorschriften. Die deutsche Vertragsfreiheit individualisiert die Rechtslage. Zwar gilt überall das Urheberrecht – das Verlagsrecht greift jedoch nur, wenn entsprechende Verträge bzw. Klauseln fehlen. Es ist eine Art »Ersatzvertrag«.
Sowohl Urheber-, als auch Verlagsrecht können als Taschenbuch bei Beck erstanden werden. Konkrete Rechtsberatung in Einzelfällen übernimmt der Verband deutscher Schriftsteller (VS) für ver.di-Mitglieder, www.mediafon.net oder auch entsprechend spezialisierte Anwälte.

Ausgabe: 04-02 (Februar 2002) Kostenzuschuss, Vertrag, Vertragskündigung

Nachdem mein Roman in Luxemburg herausgekommen war und sehr gute Kritiken erhalten hatte, wollte ich ihn auch in Deutschland veröffentlichen. Über Selbstbeteiligungsverlage wusste ich damals überhaupt nichts. So kam es, dass ich aus Unkenntnis den Roman in neuer Aufmachung und mit neuem Titel bei einem Dienstleister-Verlag veröffentlicht habe.
Obwohl bis heute ein paar hundert Exemplare verkauft wurden, bin ich nicht zufrieden. Einmal, weil ich mir mit dieser Veröffentlichung einen schlechten Ruf eingehandelt habe, zum anderen aber auch weil ich das Buch bisher in keinem einzigen Geschäft in Deutschland gesehen habe. Meine Frage an Sie: Sehen Sie eine Möglichkeit, aus diesem Vertrag auszusteigen?

Ohne den Vertrag zu kennen, kann ich dazu gar nichts sagen. Für konkrete Beratung zu Ihrem speziellen Vertrag

sollten Sie sich an einen Anwalt mit Schwerpunkt Urheber- und Medienrecht, den Verband deutscher Schriftsteller (VS) in ver.di oder www.mediafon.net wenden.
Trotzdem gebe ich Ihnen folgenden Rat für den Anfang: Suchen Sie einen Passus über die Kündigung des Vertrages. Wenn dieser existiert, wissen Sie auch, wie gekündigt werden kann.
Andernfalls suchen Sie Regelungen zur Vertragslaufzeit. Die könnten zum Beispiel lauten: »… für die Dauer des gesetzlichen Urheberrechts …« Das würde bedeuten, dass der Vertrag bis 70 Jahre nach Ihrem Tod läuft und (ohne Kündigungsklausel) nur in seltenen Ausnahmefällen aufgelöst werden kann! Kontrollieren Sie in diesem Fall, welche Rechte für welches Gebiet und welche Sprache Sie an den Verlag vergeben haben – vielleicht können Sie das Manuskript ja über Umwege anderweitig verwenden.

Ausgabe: 09-04 (April 2007) Herausgeber, Vertragskündigung

Kann die Eigenschaft, Herausgeber eines periodisch erscheinenden Werkes (z. B. Herausgeber eines Buches mit jährlichen Auflagen) zu sein, »verkauft« werden – oder ist sie unverkäuflich wie das Urheberrecht?
Beispielfall: 5 Autoren geben ein Lehrbuch jedes Jahr in einer neuen Auflage heraus. Alle sind Mitherausgeber, das Buch hat sich einen »guten Namen« gemacht. Nun will einer oder wollen alle der Herausgeber in Rente gehen, andere wären bereit, das Buch weiterzuführen – oder als neue Herausgeber zu übernehmen, u. U. auch unter dem alten Namen.
Kann die Herausgebereigenschaft per Kaufvertrag oder so gegen Entgelt veräußert / übertragen werden?

Ich kann leider nicht EINE Antwort geben, denn ich bin mir nicht sicher, wie die Frage gemeint ist. Daher versuche ich es mit einem konkreten Beispiel:

Ein Fachbuch mit zahlreichen Einzelbeiträgen wird von einem Professor A herausgegeben und bringt es im Laufe der Zeit und mit diversen Nachbearbeitungen auf 5 Auflagen. Danach will der Professor A sich anderen Aufgaben widmen und nicht mehr aktiv neue Beiträge sichten und integrieren. Ein Kollege B übernimmt.

Da sich die 5. Auflage schneller verkauft als geplant, wird eine unveränderte 6. Auflage gedruckt. Auf dieser 6. Auflage steht »Herausgeber: Professor A«. Denn auch wenn der Prof. B übernommen hat, er hat den Inhalt des Buches noch nicht beeinflusst.

Mit der 7. Auflage kommen auch Beiträge hinzu, die Professor B ausgewählt hat. Daher steht nun »Herausgeber: Professoren A und B« auf dem Umschlag. Kurz darauf stirbt Professor A. Trotzdem steht auch auf der 8. Auflage noch »Herausgeber: Professoren A und B«.

Die Jahre vergehen. In der 11. Auflage ist nichts mehr enthalten, was Professor A ausgewählt und / oder bearbeitet hat. Nun könnte sein Name bei den Herausgebern gestrichen werden. »Herausgeber: Professor B« wäre erlaubt, aber meist lässt man die verdienten Alt-Herausgeber aus Verkaufserwägungen noch drin.

So in etwa sieht die einfache und gesetzlich geregelte Urheberbezeichnung aus. Davon abweichen lässt sich natürlich, wenn Professor A und / oder Professor B dem zustimmen. Professor A könnte auf seine Namensnennung verzichten, wenn er will – gezwungen werden kann er nicht.

Nun aber zur zweiten Lesart Ihrer Frage: Kann man die aktive Tätigkeit (!) als Herausgeber veräußern oder übertragen?

Grundsätzlich kann man nur verkaufen, übertragen oder anderweitig abgeben, was einem auch gehört. Der bisherige Herausgeber hat aber nur Urheberrechte an der Zusammenstellung, also an der bisherigen Arbeit. Er kann verweigern, dass jemand mit dieser Zusammenstellung weiterarbeitet. Sollte sich der Verlag im Gegenzug weigern, eine überarbeitete Auflage mit ihm zu machen, wird es schwierig. Dann blockiert man sich mitunter gegenseitig oder redet auch über Ablösesummen. Hier wird aber im engeren Sinne nicht die Herausgeberschaft verkauft, sondern über die weitere Bearbeitung des bereits vorhandenen Materials verhandelt.

Will umgekehrt der Herausgeber die Arbeit abgeben, aber der Verlag will den vorgeschlagenen Nachfolger nicht, geht die Blockade andersherum los.

Erledigt der Herausgeber die Zusammenstellung im Rahmen eines Arbeitsvertrag für den Verlag als seinen Arbeitgeber, ist die Übergabe oder Wegnahme der Herausgebertätigkeit kaum eine Frage des Urheberrechts, sondern mehr eine Frage des Arbeitsrechts. Je nach Einzelfall und Arbeitsvertrag kann dies keine, eine genehmigungsfreie oder eine genehmigungspflichtige Versetzung sein – das sollte mit dem Betriebsrat besprochen werden.

Ausgabe: 05-03 (März 2003) Honorar, Verlagsinsolvenz

Ich habe vor einigen Monaten einen Verlagsvertrag für ein Buch unterschrieben. Die Hälfte des Garantiehonorars habe ich bei Vertragsabschluss bekommen – die andere Hälfte ist bei Erscheinen fällig. Da der Verlag jetzt in einem Insolvenz-Verfahren steckt, wird das Buch wahrscheinlich nicht erscheinen. Nun meine Frage: Was wird mit dem Rest meines Vorschusses bei Nichterscheinen? Bekomme ich den trotzdem, weil der Verlag ja die Rechte an dem Manuskript erworben hat? Zurückzahlen muss ich den ersten Teil hoffentlich in keinem Fall, oder?

Zurückzahlen musst du die erste Hälfte nicht, wenn es ein Vorschuss auf ein Garantiehonorar ist. Sollte es bloß ein Vorschuss auf das »normale« Honorar sein, dann musst du das Geld bei Nicht-Erscheinen tatsächlich zurückgeben.

Zur zweiten Hälfte des Vorschusses kommt es stark auf die Formulierung im Vertrag und die Situation des Verlags an. Wenn dort Fälligkeit bei Erscheinen steht, gibt es das Geld zum Termin der Veröffentlichung. Sollte das nie sein, gibt es auch den Rest nie.

Aber ... möglicherweise bestehen Chancen, die zweite Hälfte auch bei Nicht-Erscheinen zu bekommen, wenn es als Garantiehonorar vereinbart ist. Der Charakter des Garantiehonorars ist ja gerade, dass es unter allen Umständen zu zahlen ist. Hier widersprechen sich Fälligkeit und Garantie, und ich fürchte, dass das nur ein Richter entscheiden kann ... Oder eine ergänzende Passage im Vertrag.

Sollte der Verlag wegen Insolvenz nicht veröffentlichen und / oder zahlen, sieht es mit dem Honorar ohnehin schlecht aus.

Ausgabe: 07-04 (April 2005) Verlagswechsel, Bilder

Ich habe vor einigen Jahren drei Bilderbücher veröffentlicht mit einer Erstauflage von je 6.000 Stück. Sie wurden auch ins Spanische übersetzt. Seit letztem Jahr habe ich meine Rechte zurück und suche einen neuen Verlag für diese Bücher plus meine neuen Manuskripte. Hier hätte ich gerne Tipps, ob so was überhaupt möglich ist: von einem Verlag zu einem anderen zu wechseln. Wenn ja, wird dann ein neuer Illustrator beauftragt, oder nimmt man das Buch so, wie es ist?

Ja, es ist möglich, sich einen neuen Verlag für ein Buch zu suchen, dessen Rechte wieder beim Verfasser sind. Ob dann die gleichen Bilder verwendet werden, hängt davon ab, ob der neue Verlag und der alte Illustrator sich ebenfalls auf einen neuen Vertrag einigen können und wollen. Sollte dies nicht möglich sein, müsste ein neuer Illustrator beauftragt werden.

Ob ein neuer Verlag die Zusammenarbeit mit dem alten Illustrator erwartet und ohne ihn eine erneute Veröffentlichung ablehnt, kann man im Voraus nicht wissen. Möglicherweise ist es aber sinnvoll, schon vorher beim bisherigen Illustrator anzufragen, ob er generell Interesse an einer erneuten Veröffentlichung hätte oder nicht.

Fragen zu Selbstverlag und Kleinverlag

Ausgabe: 02-09 (September 2000) Selbstverlag, Verlagsgründung, Publishing on demand, Großhandel

Ich habe gerade meinen zweiten Roman geschrieben und möchte jetzt natürlich auch veröffentlichen. Ich habe weder Beziehungen noch Ahnung, wie ich einen Verlag für meine Projekte begeistern könnte, bin aber auf eine interessante Alternative gestoßen: Print on demand. Hast du eventuell einen Tipp für mich, wie ich einen Verlag – in diesem Fall eben Selbstverlag – gründen kann? Ich bin

nicht ganz ahnungslos, da ich in der DTP-Abteilung einer Druckerei arbeite, aber Verlagswesen ist mir fremd.
Oder sollten Erstlinge eher die Finger davon lassen, sich ohne fachliche Hilfe an ein solches Unterfangen zu wagen? Ich bin auch an deiner persönlichen Meinung interessiert, als Schriftsteller kannst du dir bestimmt vorstellen, was in meinem Kopf so alles vor sich geht.

Um einen Verlag für die eigenen Werke zu gründen, braucht es nicht viel. Man sagt einfach »Jetzt gehtís los« und schon ist der Selbstverlag gegründet. Man benötigt keinen Gewerbeschein oder Eintrag im Handelsregister. Dank dem Grundrecht, seine Meinung frei äußern zu dürfen, sind keine Bedingungen zu erfüllen.
Trotzdem benötigt man natürlich Startkapital in mehr oder minder großem Umfang. Generell hängen die Investitionen für die Publikation direkt mit der Seitenzahl und der beabsichtigten bzw. zu erwartenden Gesamtauflage des Buches zusammen. Höhere Auflagen lassen sich billiger im regulären Druckverfahren realisieren. Ich würde auf jeden Fall ein Vergleichsangebot einholen.
Allerdings sollte man nicht vergessen, dass z. B. Libris BoD nicht nur den Druck, sondern auch die Auslieferung stellt, die man beim klassischen Druck selber leisten muss. Eine gute Kalkulation ist also die halbe Miete – ein Marketingkonzept die andere Hälfte.

Ausgabe: 04-07 (Juli 2002) **aktualisiert** Publishing on demand, Selbstverlag

Publishing on Demand ist ja in aller Munde und wird als gute Möglichkeit gepriesen, Bücher billig anzubieten, wenn man keinen richtigen Verlag findet. Aber ich frage mich: Liest überhaupt jemand diese Bücher? Mein erster Versuch, ein Publishing-on-demand-Buch zu kaufen, war ein Desaster (falsche Kapitelsortierung, inhaltlich und stilistisch unteres Niveau). Außerdem sind solche Bücher so teuer! Ich habe noch keins unter 10 Euro gefunden. Wenn Publishing on demand für Autoren so billig ist, warum sind die Verkaufspreise dann so hoch?

Aus diesen Gründen frage ich mich als Leserin und Hobbyautorin, ob Publishing on demand überhaupt eine Alternative zum Verlagsmarkt ist oder ob es letztlich doch nur unter die Kategorie »Zuschussverlage« bzw. Selbstverlag fällt. Gibt es eigentlich Tipps, wie man erfolgreich ein Publishing-on-demand-Buch vermarktet; wie man den Preis kalkuliert etc.? Nach dem, was ich z. B. bei Amazon sehe, scheinen sich die meisten Publishing-on-demand-Autoren nicht so richtig darum zu kümmern.

Zur Frage, ob ein Buch preiswert hergestellt ist, lassen sich drei Standpunkte einnehmen: vom Stückpreis betrachtet, vom Preis der Gesamtmenge betrachtet oder von den Startkosten betrachtet. Darum kann ein mittels Publishing-on-demand-Technik hergestelltes Buch gleichzeitig teuer und günstig sein.

Für Autoren, die auf Publishing on demand zurückgreifen, ist ausschlaggebend, dass die Anfangsinvestitionen niedrig sind. Wie bei jeder Form von Selbstverlag müssen Satz und Gestaltung realisiert werden, dazu Basiskosten für die Einrichtung der Druckmaschinen (bzw. andere Betriebskosten). Weil aber keine große Auflage hergestellt werden muss, bleiben umfangreiche Investitionen in einen Bücherstapel erspart. Gleichzeitig minimiert dies auch das Risiko, auf größeren Mengen unverkäuflicher

Exemplare sitzen zu bleiben. In diesem Blickwinkel ist Publishing on demand günstig. Allerdings sind die Stückkosten recht hoch und sinken auch nicht mit steigenden Verkaufszahlen.

Beim klassischen Druck werden hingegen die Stückkosten umso geringer, je höher die Auflage ist. Bei kleinsten Mengen lohnt sich diese Methode gar nicht, weil die Produktion von Einzelstücken exorbitant teuer ist. Irgendwo zwischen 300 und 1.000 Exemplaren kostet die Gesamtmenge im klassischen Druck weniger als mit Publishing on demand, weil die Betriebskosten geringer ausfallen. Allerdings muss man auch die ganze Menge am Anfang bezahlen und darauf hoffen, dass die Investition durch entsprechende Verkäufe wieder eingespielt wird. Wenn man das Risiko eingehen will, sollte man konventionell drucken lassen.

Wenn man sich sicher sein kann, dass diese mengen verkauft werden, kann man mit der Kostenersparnis den Ladenpreis drücken. Deshalb liegt das Preisniveau für Bücher aus konventionellen Verlagen auch drastisch unter dem von Klein- und Selbstverlagen oder Publishing on demand. In dieser Hinsicht ist jede kleine Auflage teuer.

Die Schlussfolgerung von Selbstverlag / Publishing on demand zu schlechter Qualität des Inhalts ist natürlich nicht zwingend. Auf der anderen Seite zeigt die Erfahrung eine hohe Wahrscheinlichkeit, weil viele unfertige Manuskripte auf diesem Weg vervielfältigt werden. Um mit Publishing on demand erfolgreich zu sein, müssen Sie sehr viel Aufmerksamkeit auf inhaltliche Qualität und noch viel mehr auf gutes Marketing legen.

Ausgabe: 04-11 (November 2002) **aktualisiert** Publishing on demand, Honorar, Großhandel

Ich schreibe ein Publishing-on-demand-Buch, da ich hier die Autorenmarge für höher halte als bei Verlagen. (Ich schreibe ein Sachbuch für 14,90 Euro und erhalte beim Dienstleister ca. 3 Euro pro Buch. Bei Verlagen soll die Autorenmarge bei 5-10 Prozent liegen, also bei mir höchstens 1,50 Euro. Ist das überhaupt richtig?) Das Buch wird bei Libri und im Verzeichnis lieferbarer Bücher gelistet sein. Nun zu meiner Frage: Wie schaffe ich es, auch bei anderen Grossisten gelistet zu werden? Gibt es z. B. einen kleinen Verlag, der entsprechend im Programm ist und in dessen Namen ich mein Buch veröffentlichen kann (ohne die Autorenmarge zu schmälern)?

Zum Honorar: Ihre Motivation, wegen der höheren Autorenmarge per Print on Demand zu veröffentlichen, ist kein stichhaltiges Argument. Sie müssen das gesamte Honorar betrachten und nicht den Anteil für ein Buch.
Die Honorarsumme errechnet sich in der Regel aus einem Anteil am Stückpreis und der verkauften Menge. Ein hoher Prozentsatz bei wenigen verkauften Exemplaren kann daher in der Summe geringer ausfallen als ein niedriger Prozentsatz bei starkem Abverkauf.
Beispiel: Mit 3 % von 13,90 Euro Nettoladenpreis und 2.000 verkauften Exemplaren summiert sich das Honorar auf 834 Euro. Mit 20 % von 13,90 Euro Nettoladenpreis und 200 verkauften Exemplaren summiert sich das Honorar nur auf 556 Euro.
Auflagen von 2 000 in einem Fachbuchverlag und 200 bei Print on Demand sind durchaus übliche Werte. Die üblichen 5»10 % Honorar machen also durchaus Sinn.

Als Autor haben Sie keinen Einfluss darauf, welche Grossisten Ihr Buch gelistet haben. Im Katalog eines Grossisten sind Bücher nur gelistet, wenn er diese vorrätig hält. Bei Print on Demand macht das keinen Sinn – es sei denn, der Grossist stellt diese Bücher gleich selbst her bzw. lässt dies von einem Tochterunternehmen machen.

Somit werden Sie kein Libri-Print-on-demand-Buch bei anderen Grossisten gelistet bekommen. Auch nicht über den Umweg mit einem Verlag, denn dieser müsste dafür eine Auflage produzieren, die er dort einlagern lassen könnte.

Ausgabe: 03-02 (Februar 2001) Publishing on demand, Honorar, Vertrag, Buchhandel

a) *Was bitte ist der »Point of Presence«?*
b) *Bieten die wenigen Print-on-demand-Verlage auch die klassische Verlagsarbeit des Lektorats?*
c) *Warum stellen nicht viel mehr Verlage auf diese kostengünstige Variante der Buchherstellung um?*
d) *Was halten Sie von folgendem Verlagsangebot: »Die Autoren erhalten vom Verlag kein Honorar. Der Verlag führt Buch über Kosten und Einnahmen. Der Autor wird mit xx Prozent am Gewinn beteiligt.«?*

a) In Anlehnung an den Point of Sale oder Point of Purchase (also das direkte Umfeld der Kasse) wird Point of Presence verwendet. Der Point of Sale / Purchase ist bei der Verkaufsförderung so wichtig, weil hier viele spontane Einkäufe getätigt werden, z. B. Süßigkeiten oder Fernsehzeitschriften, wenn man im Supermarkt an der Kasse warten muss, oder ein kleines Geschenkbuch im Buchhandel. Der Hersteller gibt sich viel Mühe beim Händler, dass er dort platziert wird.

Der Point of Presence ist weniger klar definiert. Entweder grenzt man es ab, weil dort zum Beispiel Informationsunterlagen ausgelegt werden und diese ja nicht verkauft werden (daher nicht Point of Sale). Oder es geht um einen ebenfalls exponierten Platz im Laden, der aber nicht bei der Kasse ist – zum Beispiel im Eingangsbereich, an einer Sitzecke oder bei der Infotheke.

Da es vermutlich um Publishing-on-demand-Produkte geht, könnte am Point of Presence eine Computersäule aufgestellt sein, die lieferbare Titel aus der on-demand-Datenbank präsentiert.

b) In der Regel ist ein Lektorat nicht im Publishing-on-demand inbegriffen, aber das hängt vom Einzelfall ab. Fragen Sie an – falls nicht, können Sie ja immer noch einen freien Lektor zu Rate ziehen.

c) Weil Print on Demand nur unter ganz bestimmten Bedingungen kostengünstig ist, drucken nicht alle Verlage so. Beispielsweise lohnt es sich nicht, eine mittlere oder hohe Auflage auf diese Art herzustellen, weil der Stückpreis im klassischen Druck dann viel niedriger liegt. Bleiben also kleine Auflagen. Da sich aber Bücher nicht von allein verkaufen, müssen diese beworben werden. Die Werbung kostet bei kleinen Auflagen nicht deutlich weniger als bei mittleren, daher schlägt sie sich besonders stark in den Kosten pro Stück nieder, d. h., wenn der Verlag werben muss, lohnt sich eine kleine Auflage ohnehin nicht – weder im klassischen noch im On-Demand-Druck.

Übrig bleiben für Verlage also nur Nachdrucke von bereits verlegten Büchern, die man weiterhin lieferbar halten will. Das kommt fast nur im Bereich wissenschaftlicher oder fachlicher Literatur vor.

d) Die Idee ist nicht verkehrt. Der Teufel steckt aber im Detail. Wie errechnet denn der Verlag den Gewinn? Welche Gemeinkosten (z. B. Miete, Personal) werden in die Gewinnkalkulation dieses Buches einberechnet? Zu welchem Anteil?

Beispielsweise könnte der Verlag Buch A mit 1 % an den Gemeinkosten beteiligen und Buch B mit 5 % – je nachdem, welcher Autor einen höheren Honorarsatz verhandelt hat. Solange die Gewinnberechnung also nicht exakt festgelegt ist, sind derlei Klauseln gefährlich. Und der Prozentsatz muss natürlich deutlich höher angelegt werden als bei Honoraren auf Ladenpreisbasis.

Ich schlage als Alternative eine Berechnung nach Verlagsumsatz mit dem jeweiligen Buch vor. Was Umsatz ist, ist nämlich betriebswirtschaftlich eindeutig festgelegt!

Ausgabe: 03-03 (März 2001) **überarbeitet** Titelschutz, Publishing on demand

Ich beabsichtige in Kürze die Veröffentlichung eines Buches als Print-on-demand: Meine Frage hierzu lautet, was zu beachten ist, um festzustellen, ob der von mir vorgesehene Titel noch »frei« verfügbar ist bzw. schon an anderer Stelle etwaigen Urheber-, Patent- oder sonstigen Rechten unterliegt, die ich nicht verletzen möchte. Des Weiteren würde ich gerne wissen, wie die rechtliche

Absicherung des von mir vorhergesehenen Titels, im Falle einer freien Verfügbarkeit, möglich ist.

Dazu muss ich eine mehrteilige Antwort geben, da man bei der Kontrolle, ob ein Titel frei ist, auch in mehreren Schritten vorgehen muss.
Zunächst gilt es zu kontrollieren, ob es diesen Buchtitel schon gibt. Dazu kann man im Online-Buchhandel stöbern. Dies gibt keine 100 %-ige Sicherheit über bereits verwendete Titel, denn es gibt ja auch Bücher, die nicht im Online-Buchhandel geführt werden, z. B. weil sie keine ISBN haben. Bücher, die schon länger vergriffen sind, verlieren ihren Titelschutz. Der Titel kann dann für andere Bücher verwendet werden.
Leider reicht es aber nicht aus, keine bestehenden Titel zu verletzen. Wegen der langen Vorlaufzeiten in der Verlagsproduktion können Titel nämlich schon vor der Veröffentlichung geschützt werden. Dies geschieht durch Anzeige in den Branchenblättern (Börsenblatt des deutschen Buchhandels, Kunst & Kultur, Werben & Verkaufen) und gibt ein befristetes Anrecht von 6 Monaten auf den Titel. Wenn man diese Zeitschriften nicht alle selber abonniert hat, ist es quasi unmöglich, Kollisionen mit dem Vorabschutz auszuschließen – sofern man nicht auf die Dienste einer Titelschutzagentur zurückgreift (siehe Anhang).
In bestimmten Fällen gibt es allerdings eine Alternative für solchen Aufwand, indem man einen »schwachen« Titel verwendet. Als schwache Titel gelten solche, die quasi zwangsläufig aus dem Inhalt des Buches folgen, z. B. »Sylt« für einen Bildband über Sylt oder »Napoleon« für eine entsprechende Biografie.

Ausgabe: 05-06 (Juni 2003) Verlagsgründung

Macht es Sinn, in der heutigen Zeit einen Buchverlag zu gründen? Welches sind die kritischen Erfolgsfaktoren bei der Gründung eines neuen Verlages? Welche Chancen sehen Sie für Startup-Krimiverlage?

Was ist denn ein akzeptabler Sinn?
a) *Kulturförderung ohne Gewinnabsichten ist mit der Gründung eines eigenen Buchverlags immer möglich.*
b) *Gewinne sind nur mit großer Finanzdecke zur Startinvestition oder bei kleiner Finanzdecke mit sehr, sehr langem Atem möglich.*
c) *Außerdem kann man mit einem Buchverlag selbst ohne Kultur- oder Gewinnbestrebungen immer noch angeben ;-)*

Die Sinnfrage muss sich jeder potenzielle Verleger selbst beantworten.
Bei finanziellen Absichten empfiehlt sich grundlegende Information über das Zusammenspiel von Urheberrechten, Buchpreisbindung, Herstellung, Handel und Zwischenhandel mit anschließender Aufstellung eines so genannten Businessplans. Das ist schlussendlich nichts anderes als der Versuch einer realistischen Einnahmen-Ausgaben-Rechnung über die ersten fünf oder auch zehn Jahre. Daran kann man sehen, ob überhaupt eine Chance auf Gewinne besteht.
Die kritischen Erfolgsfaktoren sind:
a) Fachwissen, also Menschen, und Kontakte, also Menschen. Ohne die richtigen Leute geht auch mit Geld gar nichts!
b) Geld, um die immensen Vorlaufkosten zu tragen. Zwischen den ersten Kosten und den ersten Ein-

nahmen eines Buches vergeht schnell ein halbes, oft auch ein ganzes Jahr. Der Break-even eines Buches (Einnahmen decken die Kosten) ist oft erst ein Jahr nach der Veröffentlichung erreicht.

Ein einzelnes Buch trägt aber nicht die allgemeinen Geschäftskosten des Verlags, sondern erst ein ganzes Programm (anteilige Umlage). Um ein Programm zu realisieren, braucht man entweder viel Geld für einen schnellen Aufbau (hohe Anfangskosten) oder immer wieder etwas Geld für einen langsamen Aufbau (gestreckte Kosten).

c) Der Buchhandel arbeitet im Grunde nur mit Verlagen, die viele Titel im Programm haben, weil dann die Nebenkosten einer Bestellung (Versand, Buchhaltung etc.) pro Titel geringer sind.

Welche Chancen ein neu gegründeter Krimiverlag hat, hängt ganz von der Zielsetzung ab. Literarische Ambitionen lassen sich gewiss realisieren. Vielleicht sogar relative Finanzerfolge bei Krimis mit lokalem Bezug. Für den »großen Wurf« braucht man Glück oder ein sensationelles Konzept.

Ausgabe: 05-01 (Januar 2003) Verlagsgründung, Markenschutz

Ich wollte Sie fragen, da Sie sich in dem Gebiet sehr gut auskennen, wie man einen Verlag anmelden kann. Der Verlagsname lautet: [...] Verlag. Was muss ich da tun, damit ich meinen Verlag so nennen kann? Welche Schritte muss ich einleiten? Wie kann ich den Namen sichern, und was kostet dies ca.?

Es gibt mehrere Möglichkeiten, einen Verlag zu gründen:
a) Wenn Sie nur eigene Werke verlegen wollen, brauchen Sie gar keine Anmeldung. Dann können Sie unter Ihrem persönlichen Namen problemlos im Rahmen der Meinungsfreiheit veröffentlichen.
b) Wenn Sie auch anderer Leute Werke verlegen wollen, brauchen Sie unbedingt einen Gewerbeschein. Den gibt es bei der Stadt- oder Gemeindeverwaltung für 10 bis 30 Euro. Welches Amt zuständig ist, erfragen Sie am besten vorher per Telefon. Sie benötigen in der Regel nur einen Personalausweis und müssen voll geschäftsfähig sein (18 Jahre oder älter, keine Einschränkung der Zurechnungsfähigkeit etc.).
c) Egal, ob Ihr Verlag in die Kategorie a) oder b) passt, sobald er einen anderen Namen als »Vorname Nachname Zusatz Verlag« (z. B. »Lieschen Müller Nähgarn-Verlag«) haben soll, müssen Sie einen Eintrag im Handelsregister vornehmen lassen. Das kostet zwischen 100 und 200 Euro. Die Details können Sie ebenfalls über Stadt- oder Gemeindeverwaltung erfragen. Klären Sie unbedingt, welche Unterlagen Sie brauchen und ob ein Notar erforderlich ist. Außerdem müssen Sie klären, ob Ihr anvisierter Verlagsname noch frei ist. Der Name darf von keiner anderen Firma im gleichen Ort verwendet werden und sollte auch nicht mit großen Firmen im Bundes- oder Europagebiet kollidieren. Sollte es Produkte geben, die genauso heißen, lassen Sie besser auch die Finger davon, solange Sie keine gute markenrechtliche Beratung genossen haben.

Zu Ihrem gewünschten Verlagsnamen habe ich auf Anhieb im Internet einen österreichischen Stempel-Fabrikanten gefunden. Aus rechtlichen Gründen, aber auch weil dann keiner Ihren Verlag (sondern immer nur die Stempel) im Internet finden würde, rate ich zu einem anderen Namen.

Ausgabe: 04-09 (September 2002) **aktualisiert**
Verlagsgründung, Titelschutz, Publishing on demand, Buchpreisbindung

a) *Wie ist das mit dem Verlagsnamen? Muss er vollständig auf dem Cover stehen? Oder könnte ich ein Logo aus den Anfangsbuchstaben des Namens wählen (wie bei btb, atv o. a.) und beispielsweise »Krimi Kollektion« o. Ä. anfügen, wenn ich den vollständigen Namen im Impressum aufführe? Oder könnte ich bei einem Verlagsnamen wie Nähgarn Verlag Lieschen Müller (um bei Ihrem Beispiel aus Ihrem Buch »Marketing für Autoren« zu bleiben) beispielsweise »Nähgarn-Krimi« auf das Cover setzen? Oder könnte ich auf dem Cover ganz auf den Verlagsnamen verzichten?*

b) *Muss unbedingt eine Titelschutzanzeige geschaltet werden? Reicht es, bei der Deutschen Bibliothek in Frankfurt nachzufragen, ob der Titel noch frei ist, und ihn dann zu verwenden? Die Fertigstellung der Publishing-on-demand-Bücher soll ja nur ein paar Wochen dauern.*

c) *Wenn ich auf der Rückseite einen Preis des Buches drucken lasse, ohne auf eine »unverbindliche Preisempfehlung« hinzuweisen, unterliege ich dann automatisch der Preisbindung? Oder gilt die nur, wenn sie angemeldet ist? Mir geht es darum, auch Kunden außerhalb des Buchhandels Rabatte einräumen zu können, z. B. bei Ausstellungen oder übers Internet bei Abnahme mehrere Exemplare.*

a) Der Verlagsname muss nur im Impressum auftauchen und er darf überall sonst benutzt werden. Dass es auf dem Cover üblich ist, ist Marketingstrategie und keine gesetzliche Auflage. Man kann dort auch Abkürzungen, Symbole oder Logos verwenden. Allerdings sollte die Angabe auf dem Cover nicht drastisch vom echten Namen abweichen (in erster Linie aus Marketinggründen, aber auch wegen eventueller Verwechslungsgefahr mit anderen Verlagen, d. h. der juristischen Identität). Ohne Probleme kann dem Verlagsnamen auf dem Cover der Name einer Reihe oder Selektion angefügt werden, z. B. Müller Crime Collection« oder »Nähgarn-Müller-Krimi«.

b) Die Recherche bei der Deutschen Nationalbibliothek reicht nicht wirklich aus, denn der Titelschutz greift auch für Bücher, die trotz Abgabepflicht nicht bei der Deutschen Nationalbibliothek angekommen sind. In der Praxis ist dies jedoch eine Annäherung, die das Risiko weitgehend minimiert, dass der Titel schon verwendet wurde. Höhere Sicherheit gibt nur eine Titelschutz-Agentur, die auch »vorangemeldete« Titel aus Titelschutzanzeigen kennt..
Die Titelschutz-Anzeige sichert einen Namen für sechs Monate – aber nur, wenn er nicht schon verwendet wird. Bei Verwendung ist er automatisch geschützt. Daher kann man über das vergleichsweise schnelle Publishing on demand auch ohne Titelschutz-Anzeige auskommen. Die Titelschutz-

Anzeigen überbrücken die langen Vorlaufzeiten im traditionellen Verlagsgeschäft.

Gar nicht schützensfähig sind »schwache« Titel, z. B. asiatisches Kochbuch (wenn es ein Kochbuch mit asiatischen Rezepten ist) oder Apple (wenn es ein Apfel ist).

c) Die Preisbindung für Bücher ist in Deutschland inzwischen gesetzlich vorgeschrieben – für mindestens zwei Jahre ab Erstveröffentlichung. Der Endpreis muss für alle Kunden identisch sein, nur Weiterverkäufer dürfen Rabatte bekommen. Diese Weiterverkäufer müssen aber vergleichbar behandelt werden. Sonderrabatte außerhalb des Buchhandels sind nicht erlaubt. Erlaubt ist es aber, bei Abnahme großer Mengen mehr Rabatt zu geben als bei Abnahme kleiner Stückzahlen. Ob der Preis auf der Rückseite des Buches steht oder nicht, ist für die Preisbindung egal. Sie gilt sogar dann, wenn dort »unverbindliche Preisempfehlung« steht für alle Bücher in den ersten zwei Jahren nach Erscheinen.

Ausgabe: 02-08 (August 2000) **aktualisiert** Werbung, Pressearbeit, Buchhandel

Ich habe kürzlich einen kleinen Verlag gegründet, der vor allem Taschenbücher mit Biografien herausgibt, unter anderem eine von mir selbst verfasste Reihe über Frauen aus allen Bereichen. Kennen Sie wenig bekannte, preiswerte Möglichkeiten der Vermarktung? Als Anfänger kann ich mir keine kostspielige Beratung oder Werbung leisten.

Zunächst würde ich mich bemühen, in so vielen Buchhandlungen wie möglich präsent zu sein. Für den stationären Buchhandel kann man in der Region durch persönliche Gespräche die Chancen auf Präsenz verbessern. Außerdem kann man in Adressverzeichnissen (CD oder Internet) nach Themenbuchhandlungen suchen – im konkreten Fall z. B. nach Frauen- oder historischen Buchläden.

Beim Onlinebuchhandel ist es inzwischen schwierig bis unmöglich geworden, gelistet zu werden, wenn dies nicht »automatisch« über den Großhandel erfolgt. Hier muss man suchen, ob sich auf der Seite eine entsprechende Kontaktmöglichkeit findet.

Dann sollte man sich überlegen, welche Menschen die Bücher kaufen bzw. kaufen würden, wenn sie davon erfahren. Das können ganz unterschiedliche Gruppen sein, die sich z. B. für die Biografien der Frauen interessieren: geschichtlich Interessierte, Frauenbewegte oder oder. Man kann diese Gruppen auch nach Kaufwahrscheinlichkeit sortieren, sofern man sich zutraut, das abzuschätzen.

Anschließend stellt sich die Frage, wo bzw. wie man diese Menschen erreicht. Gibt es Medien zum Thema? Gibt es Lokalitäten, wo diese Menschen zielsicher anzutreffen sind (dies könnte beispielsweise das Frauenmuseum in Wiesbaden sein). Diese Medien / Lokalitäten sollten kontaktiert und mit passendem Info- und Werbematerial ausgestattet werden. Je konkreter der Bezug zur Zielgruppe ist, desto mehr lohnen sich die paar Euro für Herstellung und Versand.

Es ist übrigens auch nicht verkehrt, sich in den Mailinglisten und Newsgroups der angepeilten Zielgruppen zu bewegen und dann in der eigenen Signatur auf sein Angebot hinzuweisen. Allzu offensichtliche Werbung ist hier allerdings verpöhnt.

Die Lokalpresse (Zeitung, Rundfunk, evtl. Internet) zu versorgen, kann übrigens auch nie schaden.

Wie wäre es damit, den ersten Teil der Buchreihe als Preis für ein oder mehrere Gewinnspiele an passender Stelle zu stiften? Das kostet nur die Exemplare und ist damit vergleichsweise günstig.

Ich habe übrigens gute Erfahrungen mit Partnerprogrammen im Internet gemacht. Wer sich ein bisschen mit HTML, Perl und / oder PHP auskennt, kann schnell eine Lösung zusammenbasteln, die es anderen Websites ermöglicht, Ihre Bücher anzubieten und am Umsatz beteiligt zu werden.

Sofern man als Selbstverleger Buchhandelsrabatte in den Ladenpreis einkalkuliert hat, tut diese Umsatzprovision nicht weh, weil der Buchhandel umgangen wird. Allerdings muss man den Versand und das Inkasso dann selbst erledigen!

Die Liste zu Verkaufsförderung und Public Relations lässt sich beliebig verlängern, wird dabei aber immer spezifischer auf das jeweilige Produkt zugeschnitten. Konkretere Tipps sind ferndiagnostisch kaum möglich, aber wenn man den Blickwinkel der potenziellen Leser einnimmt, kommt man schnell auf weitere Ideen.

Ich wünsche viele gute Ideen und viele begeisterte Kunden!

Fragen zu diversen Themen

Ausgabe: 02-07 (14. Juli 2000) **überarbeitet** Website, Verfremdung, Plagiat

Ich habe eine dringende Frage. In nächster Zeit möchte ich eine Webseite mit meinen Texten veröffentlichen. Wie kann ich meine Texte schützen? Meine Befürchtung ist, dass meine Texte nicht nur kopiert, sondern auch abgeändert werden und so einen von mir nicht mehr vertretbaren Inhalt darstellen. Wie erhalte ich ein wirksames Copyright?

Rechtlich gesehen sind die Texte im Internet ebenso geschützt wie auf Papier. Allerdings sieht die technische Realität anders aus. Jeder kann Texte von Webseiten kopieren und auf seinem Rechner speichern. Wer möchte, kann sie auch ändern und wieder ins Netz laden. Allerdings wird dadurch nicht die ursprüngliche Webseite verändert (diese ist weitgehend geschützt), sondern der Text taucht an neuer Position im Internet auf. Womöglich sogar unter anderem Autorennamen!
Einen wirksamen Schutz dagegen gibt es nicht! Aber für jede Kopie im Netz, die z. B. über eine Suchmaschine gefunden wurde, kann man die Betreiber der Website verantwortlich machen. Das fängt bei einer einfachen Rechnung über die Online-Nutzung an und hört bei einer Klage wegen Plagiat oder Entstellung auf.

Ausgabe: 07-03 (März 2005) Nebenrechte

Auf einer Internet-Seite habe ich die Möglichkeit, regelmäßig meine Geschichten zu veröffentlichen. Nun möchte ich eine Geschichte auf diese Seite stellen, die bereits in einer Anthologie (gemeinsam mit anderen Autoren) abgedruckt wurde.
Wie kann ich den Leser auf den Abdruck in dieser Anthologie aufmerksam machen? Am Anfang oder am Ende des Textes? Wie formuliere ich den »Zusatz«, der auf diese Anthologie hinweist?

Zunächst einmal sollten Sie überlegen, ob Sie die Rechte für eine Veröffentlichung im Internet noch haben, denn der Vertrag für die Anthologie beinhaltet diese vielleicht. Wenn Sie sich sicher sind, Online-Publikationen noch ohne Verlagsgenehmigung vornehmen zu dürfen, dann komme ich gern auf die zweite Frage.
Wo Sie den Hinweis platzieren, können Sie frei entscheiden. Möglicherweise sortiert der Redakteur der Website diesen Hinweis auch aus, wenn Sie es nicht als Bedingung vereinbart haben. Am besten klären Sie das vorab und vielleicht ergibt sich daraus auch schon eine Lösung.
Eine gängige Formulierung ist »Nachdruck aus ...« oder »Zuerst veröffentlicht in ...«. Online kann man natürlich immer noch einen Link auf die Autoren- oder Verlagswebsite bzw. auf einen Online-Buchhändler legen.

Ausgabe: 06-06 (17. Juni 2004) Pseudonym

Der Umstand, dass ich unter Pseudonym veröffentliche, bedeutet gleichzeitig eine Beschneidung der Möglichkei-

ten innerhalb der Marketing-Strategien. Da ich als Person in der Öffentlichkeit nicht in Erscheinung treten möchte, an einem Verkauf meines Buches aber natürlich dennoch interessiert bin, fehlen mir noch Ideen für das Marketing. Habt ihr eine tolle Idee, wie ich das »Problem Pseudonym« in die »Chance Pseudonym« verwandeln kann?

Eigentlich macht die Verwendung eines Pseudonyms keinen großen Unterschied. Wenn man unerkannt bleiben will, darf man bloß in der räumlichen Umgebung zum Heimatort (oder wo man sonst erkannt werden könnte) und im Fernsehen nicht auftreten. Ansonsten kann man überall auch mit dem Pseudonym auftreten. Besonders leicht geht das im Radio.

Ausgabe. 03-02 (Februar 2001) Literaturwettbewerb, Ausschreibung

Bisher habe ich mich viel an Ausschreibungen / Literaturwettbewerben beteiligt, leider mit wenig Erfolg. Gibt es hierbei vielleicht auch Ansätze aus dem Marketing, was man beachten könnte?

Diesem Feld ist mit Marketing nur sehr begrenzt beizukommen. Darum möchte ich zum Einstieg erst einmal verschiedene Ausschreibungs- / Wettbewerbstypen charakterisieren.

a)   Die reinrassige Ausschreibung bzw. der reinrassige Wettbewerb zielt nur darauf ab, Autoren nach den eingereichten Leistungen zu beurteilen und dann mit einem Projekt oder einem Preis zu beschenken. Der Ausrichter steht völlig im Hintergrund, ebenso das Renommee der Autoren. Man könnte es mit einem 100-m-Lauf unter olympischen Bedingungen vergleichen. Beziehungsdoping wird schwer geahndet.

b) Eine Ausschreibung kann auch dazu dienen, Restplätze in einem bestehenden Projekt (wie einer Anthologie) zu »versteigern«. Die Hälfte des Buches könnte schon mit Beiträgen von renommierten Autoren gefüllt sein und der Rest ist das Testgelände des Verlags für neue Talente. Hier steht zwar die eingereichte Leistung im Vordergrund, aber das Image der Autoren fließt in die Auswahl mit ein. Wenn Sie dem Verlag bereits aufgefallen waren, aber bislang noch nicht verlegt wurden, haben Sie plötzlich sehr gute Chancen. – Für diesen 100-m-Lauf sind Sie gedopt und Sie können sogar versuchen, die Kampfrichter zu bestechen.

c) Eine dritte Art von Ausschreibung oder Wettbewerb dient fast ausschließlich dazu, den Verlag oder die ausführende Organisation bekannt zu machen. Es ist eine Marketingaktion des Veranstalters für sich selbst. Somit wird er sich auch die Rosinen aus den Teilnehmern herauspicken. Der Veranstalter will möglichst schnell bekannt werden und das geht am leichtesten mit Autoren, die (zumindest im Wirkungskreis des Veranstalters) bestmöglichst bekannt sind. – Will heißen, dass die Kampfrichter ihre Regeltreue samt Zeitmessuhr von sich werfen werden, wenn Sie sie nur üppig genug bestechen!

Wo ich von Doping sprach, wenden Sie die Vitamin-B-Spritze an. Vitamin B wie Beziehungen. Bestechen können Sie eine Jury mit Ihrem guten Namen. Sprich Ihrer Bekanntheit, Ihrem Image oder Ihrer Bibliographie.

Schwierig ist nur, im Voraus zu erkennen, welchen Ausschreibungs- oder Wettbewerbstyp Sie gerade vor sich haben. Die Typen A und C lassen sich nämlich ebenso leicht verwechseln wie A und B oder B und C. Da kommen Sie nur mit Fingerspitzengefühl und Beobachtungsgabe weiter. Versuchen Sie den Veranstalter durch seine Pressetexte und sein eigenes Renommee zu analysieren!

Ausgabe: 06-05 (Mai 2004) Ausschreibung,
Literaturwettbewerb

Ich habe zu einem Wettbewerb mehrere Texte eingereicht, Einsendeschluss war der 1. Dezember 2003. Trotz mehrmaliger Nachfragen erhielt ich bis Anfang März 2004 keine Antwort auf meine Frage, wann denn die Gewinner feststehen würden. Im Großen und Ganzen kam mir die ganze Sache sehr unseriös vor, so dass ich per Mail meine Texte zurückzog.
Nunmehr kam eine Antwort, in der es heißt, das sei nicht möglich. Ist das rechtlich okay? Kann ich einmal eingereichte Texte nicht zurücknehmen?

Zunächst einmal gibt es zwei Arten von Wettbewerben: reine Beurteilung der Texte oder verknüpft mit einer Veröffentlichung oder anderen Nutzung des Textes.
Bei der reinen Beurteilung bedeutet ein Rücktritt von der Teilnahme bloß, dass die Jury sich keine Arbeit mehr mit dem Text machen muss. Das kann dem Veranstalter eigentlich nur recht sein.
Bei der Kombination aus Beurteilung und Nutzung des Textes bedeutet der Rücktritt von der Teilnahme eben auch, dass der Text nicht mehr gedruckt, vorgetragen etc. werden kann.

Das kann den Veranstalter durchaus ärgern und vielleicht behauptet er dann, dass ein Rücktritt nicht möglich sei.
Angenommen, in der Ausschreibung für den Wettbewerb stand sinngemäß drin, dass mit der Einreichung von Texten die Teilnahmebedingungen (also z. B. auch die Veröffentlichung) akzeptiert werden, so ist hier erst mal ein Vertrag zustande gekommen, der für beide Seiten verbindlich ist. Wenn der Veranstalter sich auf diesen verbindlichen Vertrag berufen will, muss er aber nachweisen, dass Ihnen die Teilnahmebedingungen bei Einreichung bereits bekannt waren. Das wird ihm in aller Regel schwer fallen, wenn er sie Ihnen nicht nochmals zugestellt und den Empfang quittiert hat. Deswegen können Sie auch in dieser Konstellation die Texte zurückziehen.
Weisen Sie den Veranstalter bei Bedarf einfach darauf hin, dass Sie ihm ohnehin keine Nutzungsrechte eingeräumt hätten und dass Sie jede Nutzung Ihrer Texte untersagen. Wenn Sie ganz sicher gehen wollen, teilen Sie das per Einwurfeinschreiben mit.

Ausgabe: 08-07 (Juli 2006) Literaturwettbewerb, Plagiat

Folgendes ist mir passiert: Ich habe an einem Wettbewerb teilgenommen. Auf der dazu gehörigen Internetseite steht, dass sie viele Einsendungen bekommen haben und dass die Bewerber daher bis August warten müssten, bis die 3 Haupt- und die 20 Anthologiegewinner auf der Webseite aufgelistet würden.
Die Anthologie wird von zwei Autorinnen herausgegeben, die nicht zur Jury gehören. Angeblich ist jede Geschichte nur eine Nummer, der in einem Umschlag die Autorendaten zugeordnet werden ...

Jetzt hat, zwei Monate zu früh, eine dieser Autorinnen Kontakt mit mir aufgenommen und wollte das Manuskript von mir per E-Mail zugesandt bekommen. Ich habe Böses gewittert und zugegebenermaßen undiplomatisch scharf geantwortet. Jetzt bin ich aus dem Rennen.
Ich möchte nur gerne wissen, ob das so üblich ist, wie man mir weiszumachen versucht. Ich habe mich auf den Standpunkt gestellt, lieber auf den Wettbewerb zu verzichten, als einem Plagiat auch noch allzu naiv in die Hände zu spielen.

Ich möchte nicht direkt auf die Anfrage antworten, sondern erst einen Grundsockel zum Verständnis legen.
Wenn man eine Geschichte schreibt, dann ist der Text dieser Geschichte urheberrechtlich geschützt. Die Geschichte selbst ist nicht geschützt. Sie kann auch gar nicht geschützt werden, weil Ideen nicht schutzfähig sind, sondern nur konkrete Ausführungen. Das gilt grundsätzlich fast überall auf der Welt so und auch nicht nur für Literatur, sondern beispielsweise auch für technische Patente: Ideen sind Freiwild – Ausführungen sind geschützt.
Das viel beschworene Plagiat definiert sich so, dass jemand einen fremden Text nimmt, seinen eigenen Namen dazu setzt und es in dieser Kombination veröffentlicht. Das kann jedem Autor und jeder Autorin immer passieren, denn wenn eine Geschichte veröffentlicht wird, kann es auch jemanden geben, der sie abschreibt und als seine ausgibt.
Vor diesem Hintergrund war die Reaktion bei dem konkreten Literaturwettbewerb tatsächlich überzogen. Wenn ein Mitglied der Jury betrügen will, kann es das jederzeit tun. Eine persönliche, frühe Anfrage bei der Autorin mit der Bitte um den Text ist dafür nicht notwendig. Wer

einen Text illegal verwerten will, kann das auf anderem Weg viel weniger auffällig tun.

Als Konsequenz darauf kann man gänzlich verkrampft durchs Autorenleben ziehen und niemandem die eigenen Texte zeigen, wenn nicht vorher ein Verlagsvertrag abgeschlossen wurde. Allerdings wird man so die Texte wohl auch nicht veröffentlichen.

Ausgabe: 08-01 (Januar 2006) **überarbeitet** Plagiat

1993 habe ich im Rahmen eines Wettbewerbs einen Roman geschrieben. Der Verlag [...] fand ihn scheinbar recht gut. Es gibt Schriftverkehr darüber. Leider wurde dann doch nichts daraus. So lag das Skript bei mir, bis ich es vor kurzem einer Agentur angeboten habe, die noch nichts von sich hat hören lassen.
Am Freitag schlage ich die Fernsehzeitung auf und lese mit Entsetzen meinen Titel, meine Geschichte – leicht abgewandelt, andere Namen, junger Mann statt alter. Der Film wurde 2005 für einen Fernsehsender gedreht. Jetzt weiß ich, warum ich von der Agentur (noch) nichts gehört habe. Soll ich etwas tun? Wenn ja, was? Das ist eindeutig meine Story!

In der geschilderten Form kannst du dem Fernsehsender keinen Vorwurf machen. Auf Ideen gibt es keinen Urheberrechtsschutz – nur auf ausgearbeitete Werke. Konkret heißt das, dass du dir jede Auseinandersetzung sparen kannst, solange sie nicht extrem dicht an deiner Geschichte geblieben sind (Nacherzählung) oder wenigstens eine Textpassage von dir übernommen haben und du nachweisen kannst, dass eine Verbindung zu deinem

Manuskript besteht – also deine Agentur mit dem Fernsehsender oder der Produktionsfirma zusammenarbeitet. Geringfügige Änderungen, z. B. bei Namen, dürfen bei dem Vergleich keine Rolle spielen. Eine Story aber bloß »nachzumachen« ist völlig legal.
So leid es mir tut, da kann man nichts machen.

Ausgabe: 04-06 (Juni 2002) Verwertungsgesellschaft, Nebenrechte, Publishing on demand, Honorar, Umsatzsteuer

Was bringt es, sich bei der VG Wort anzumelden? Ich habe zwar schon auf die Website geschaut, aber so ganz richtig sehe ich da nicht durch, was man dafür tun muss, um am Ende einen Nutzen zu ziehen. Bisher habe ich nur herausgelesen, dass man dort sämtliche Veröffentlichungen in Anthologien, in Zeitschriften oder als Buch melden sollte – und dann tut sich von selbst etwas? Was ist mit Veröffentlichungen bei Publishing-on-demand-Dienstleistern, hinter denen aber ein Verlag steht, oder z. B. die Lyrikecke im Internet veröffentlicht eine Lyrik-Anthologie, in der ich vertreten bin etc. ...?

Wer sich bei der VG Wort anmeldet, bekommt die Chance, Honorare zu erhalten, an die man sonst gar nicht herankommen kann. Um zu erklären, wie das funktioniert, muss ich allerdings etwas ausholen.
Die Verwertungsgesellschaft Wort kassiert an verschiedenen Stellen Honorar für die Nutzung sogenannter Nebenrechte: überall dort, wo die Erlöse so klein sind, dass sich der Aufwand des Kassierens für einen einzelnen Autor oder Verlag nicht lohnen würde. Konkret erhält die VG Wort beispielsweise Tantiemen von öffentlichen Biblio-

theken, Zahlungen für die Vervielfältigung urheberrechtlich geschützter Werke durch Kopiergeräte und Scanner, außerdem Honorare aus den Lesezirkeln, die Zeitschriften nacheinander an mehrere Empfänger vermieten. Diese Gelder fließen in einen großen Topf, von dem die VG Wort zunächst ihre Verwaltungskosten abzieht. Der Rest wird an die Wahrnehmungsberechtigten, z. B. Autoren verteilt. Dabei kommen diverse Verteilungsschlüssel und Berechnungssysteme ins Spiel, die den ein oder anderen Mathematiker beschäftigt halten. Vereinfacht gesagt, gibt es zwei verschiedene Arten von Einnahmen, die in diesen Topf fließen, und ein komplexes Punktesystem für die Verteilung.

Zu den Einnahmen gehören Gerätepauschalen, z. B. wird für jedes verkaufte Kopiergerät, für jeden Scanner eine festgelegte Summe vom Hersteller oder Importeur an die VG Wort gezahlt. Auf der anderen Seite werden z. B. die Tantiemen der Bibliotheken nach ihrem Titelbestand und der Ausleihhäufigkeit berechnet, so dass hier individuelle Summen für jedes Institut entstehen. Bei der Verteilung der Gelder werden die Pauschalen nun gleichmäßig unter allen Wahrnehmungsberechtigten und die individualisierten Einnahmen spezifisch auf einzelne Empfänger verteilt. Das bedeutet, dass vom Kopiergeld jeder etwas bekommt, von den Bibliothekstantiemen aber nur diejenigen, die auch in einer Bücherei zu finden sind. (Ausnahme: Da nicht alle Kleinstbibliotheken erfasst werden, wird hier wieder eine Pauschale angesetzt und verteilt.) Dass die VG Wort zuerst ihre Kosten deckt und dann den Rest verteilt, erklärt auch, warum die Teilnahme scheinbar kostenlos ist und trotzdem Geld bringen kann.

Wer aber kann sich bei der VG Wort anmelden und hat auch Chancen auf eine Auszahlung? Zunächst einmal kann nur derjenige wahrnehmungsberechtigt werden, der auch ein Werk mit Ansprüchen auf Auszahlung nachweisen kann. Bei Buchveröffentlichungen mit ISBN besteht dieser Anspruch grundsätzlich. Zeitschriftenbeiträge werden nach wissenschaftlicher bzw. Fachpresse und nach Publikumspresse unterschieden. Während im Bereich der Fachpresse jeder Text Anspruch hat, bekommen in der Publikumspresse nur diejenigen eine Ausschüttung, die bei Zeitschriften im Lesezirkel veröffentlicht haben. Die jeweils aktuelle Lesezirkel-Liste veröffentlicht die VG Wort auf ihrer Website www.vgwort.de. Außerdem gibt es weitere Veröffentlichungsarten, die von der VG Wort bedacht werden, die ebenfalls dort nachgeschlagen werden können.

Einen weiteren wichtigen Unterschied zwischen Belletristik und Wissenschaft sollten Sie bei der VG Wort beachten: Veröffentlichungen in der Fachpresse müssen Sie melden (es gelten allerdings bestimmte Mindestlängen), belletristische Bücher werden automatisch erfasst.

Somit sollte sich jeder Autor mit entsprechenden Veröffentlichungen bei der VG Wort melden – man kann nur gewinnen! Den entsprechenden Antrag bekommen Sie auf Anforderung zugeschickt. (Sofern Sie Umsatzsteuer an das Finanzamt abführen, melden Sie dies der VG Wort. Nur dann erhalten Sie auch die entsprechenden 7 % Mehrwertsteuer auf Ihre Tantiemen ausgezahlt.)

Ausgabe: 07-10 (Oktober 2005) Freiexemplare, Belegexemplare, Buchpreisbindung, Preisbindung

In vielen Verlagsverträgen ist geregelt, dass Freiexemplare und mit Autorenrabatt gekaufte Bücher vom Autor nicht

weiterverkauft werden dürfen. Warum ist das so und was kann passieren, wenn es man trotzdem, zum Beispiel auf Lesungen, macht?

Auch wenn das schnippisch klingen mag: Es ist so, weil Sie es im Vertrag unterschrieben haben. Wenn Sie es nicht unterschrieben haben, ist es auch nicht so.
Es gibt aber auch durchaus Gründe, die das Verkaufsverbot erklären können:

a) Freiexemplare und solche, die zum Autorenrabatt gekauft wurden, zählen nicht als verkaufte Exemplare, d. h., für diese Bücher werden keine Honorare gezahlt. Für Sie selbst mag das vielleicht in Ordnung sein. Der Grafiker, der Umschlag oder Inhalt bebildert hat, sieht das vermutlich schon anders.

b) Frei- und Autorenexemplare sollen nicht verkauft werden, damit dem Buchhandel kein Geschäft verloren geht. Wer bei Ihnen direkt kauft, kauft schließlich nicht im Buchladen. Da der Verlag aber bei Lieferungen an den Buchhandel in der Regel mehr verdient als bei Frei- und Autorenexemplaren, liegt es in seinem Interesse, das diese nicht verkauft werden.

Wenn Sie gegen die Beschränkungen Ihres Vertrags verstoßen und die Bücher trotzdem verkaufen, kann es dem Verlag auffallen (z. B. weil ein lokaler Buchhändler »petzt«). Dann wird man Sie möglicherweise für den Schaden des Verlags und des Buchhändlers haftbar machen, Ihnen die Gerichts- und Anwaltskosten aufbrummen und Sie zu einer Unterlassungserklärung verpflichten. Die Kosten können übrigens mit dem Honorar verrechnet oder per Mahnbescheid und Pfändung erzwungen werden – Sie können sich also nicht drücken.

Sollte dem Verlag daran gelegen sein, den Vertrag mit Ihnen zu kündigen, kann er das zusätzlich tun – schließlich haben Sie den Vertrag zuerst gebrochen.

Generell möchte ich noch erwähnen, dass für Verkäufe durch Autoren natürlich immer auch das Buchpreisbindungsgesetz gilt. Sie dürfen also nicht mehr und nicht weniger für ein Buch nehmen als der Buchhändler, keine Rabatte gewähren und keine kostenlosen Zugaben machen. Ein Verstoß kann wieder mit Schadensersatz und Unterlassungserklärungen geahndet werden.

Ausgabe: 06-11 (November 2004) Umsatzsteuer, Lesung

Wie viel Umsatzsteuer muss ich für eine Lesung berechnen? Was ist besser: 7 % oder 16 %?

Entgegen anders lautenden Gerüchten sind Lesungen schon seit Jahren zu 16 % abzurechnen. Es spielt keine Rolle, dass das Buch, aus dem gelesen wird, mit 7 % abgerechnet wird. Den Rechnungsempfänger für das Lesehonorar (Buchhandlung, Verlag etc.) sollte das nicht stören, weil der Veranstalter es als Vorsteuer einbucht und vom Finanzamt zurückbekommt.

An das Finanzamt wird immer nur die Differenz zwischen der selbst berechneten Umsatzsteuer und der selbst bezahlten Vorsteuer abgeführt. Und egal wie man es dreht und wendet: Ob man 7 % oder 16 % auf sein Honorar berechnet, macht für den eigenen Geldbeutel keinen Unterschied. Deswegen sollte man sich an die Vorschriften des Finanzamts halten, um unnötigen Ärger zu vermeiden.

Dazu drei Beispielrechnungen:
a) Lesung mit 7 % Umsatzsteuer
300 Euro Honorar zu 7 %: 21 Euro Umsatzsteuer (Rechnungsbetrag 321 Euro)
200 Euro Kosten zu 16 %: 32 Euro Vorsteuer (Rechnungsbetrag 232 Euro)
Differenz Umsatz- und Vorsteuer: 11 Euro Rückerstattung
insgesamt bezahlte Mehrwertsteuer: 21 Euro (32 Euro beim Einkauf und 11 ans Finanzamt)
Gewinn nach Steuern: 100 Euro (321 − 232 + 11 Euro)
b) Lesung mit 16 % Umsatzsteuer
300 Euro Honorar zu 16 %: 48 Euro Umsatzsteuer (Rechnungsbetrag 348 Euro)
200 Euro Kosten zu 16 %: 32 Euro Vorsteuer (Rechnungsbetrag 232 Euro)
Differenz Umsatz- und Vorsteuer: 16 Euro abzuführen
insgesamt bezahlte Mehrwertsteuer: 48 Euro (32 Euro beim Einkauf und 16 ans Finanzamt)
Gewinn nach Steuern: 100 Euro (348 − 232 − 16 Euro)

Ein Unterschied besteht allerdings, wenn man (z. B. wegen geringfügiger Einkünfte aus der Literatur) gar nicht am Umsatzsteuerverfahren teilnimmt. Das spart zwar Arbeit bei der Steuererklärung, wird aber schnell teuer:
c) Lesung ohne Umsatzsteuer
300 Euro Honorar zu 0 %: 0 Euro Umsatzsteuer (Rechnungsbetrag 300 Euro)
200 Euro Kosten zu 16 %: 32 Euro Vorsteuer (Rechnungsbetrag 232 Euro)
Differenz Umsatz- und Vorsteuer: 0 Euro (wird

nicht ausgeglichen)
insgesamt bezahlte Mehrwertsteuer: 32 Euro (32 Euro beim Einkauf und 0 ans Finanzamt)
Gewinn nach Steuern: 68 Euro (300 – 232 – 0 Euro)

Ausgabe: 06-09 (September 2004) **aktualisiert** Website, Entstellung, Verfremdung, Persönlichkeitsrechte

Ich betreibe ein Weblog mit eigenen Bildern, Texten, Gedichten usw. Seit einiger Zeit werden meine Beiträge auf einer anderen Seite kopiert, auf ziemlich rüde Weise entstellt und zum Teil dort auch als eigene Texte ausgegeben. Die jeweiligen Daten der einzelnen Beiträge lassen jedoch ohne Zweifel erkennen, dass die ursprünglichen Texte von mir sind.
Handelt es sich hier bereits um eine Urheberrechtsverletzung oder gibt es da noch Unterschiede, weil es sich um ein rein privates Weblog handelt?

Das Urheberrecht hat zwei Teile: die Persönlichkeits- und die Verwertungsrechte.
Die Persönlichkeitsrechte schützen jeden Ausdruck der eigenen Individualität – egal, ob akustisch, mit Buchstaben oder Bildern – vor ungewünschter Veröffentlichung, vor Änderungen oder vor Plagiat, d. h. davor, dass ein anderer diesen Ausdruck als seinen eigenen ausgibt.
Die Verwertungsrechte erlauben dem Urheber, falls er veröffentlicht, über Art, Umfang und Veröffentlichungspartner selbst zu entscheiden. Dadurch wird eine geldwerte Nutzung des persönlichen Ausdrucks erst möglich.
Das Urheberrecht unterscheidet gerade nicht zwischen

privatem und kommerziellem Ausdruck, weil es a) die geistige Persönlichkeit schützt und b) die kommerzielle Nutzung privaten Ausdrucks erst möglich macht.

Auf die konkrete Frage bezogen: Das Weblog ist in allen Teilen und als Gesamtwerk urheberrechtlich geschützt. Ohne Zustimmung der Urheberin (also dir) dürfen das Weblog und seine Teile nicht an anderer Stelle verwendet, entstellt bzw. unter anderem Verfassernamen veröffentlicht werden.

Soweit zur Theorie. Individuelle Rechtsberatung erhältst du kostenlos beim Verband deutscher Schriftsteller (VS) bzw. wenn du an anderer Stelle Mitglied bei ver.di bist. Alternativ beraten kostenpflichtig die KollegInnen von www.mediafon.net. Ansonsten hilft nur ein Anwalt, der sich mit Urheber- und / oder Medienrecht auskennt. Dessen Kosten werden aber in aller Regel nicht von der Rechtsschutzversicherung übernommen, selbst wenn man eine hat. Andererseits trägt der Gegner in der Regel die Anwaltshonorare, falls man sich (außer-)gerichtlich durchsetzt.

Ausgabe: 07-11 (November 2005) Zitat

Ich bin selbständige Grafikerin und betreue gestalterisch momentan ein kleines Reisebüro. Es entstanden Logo und Geschäftspapiere. Auf einer Grußkarte wollen wir nun ein Zitat verwenden. Können Sie mir sagen, ob dies rechtens ist (Urheberrecht etc.)? An wen kann ich mich bezüglich etwaiger Rechte wenden?

Sofern der Autor schon seit mindestens 70 Kalenderjahren verstorben ist, ist der Text urheberrechtsfrei und kann ohne weiteres verwendet werden. Andernfalls gilt das Urheberrecht und gibt Grenzen vor. Grundsätzlich ist Zitieren innerhalb eines eigenen Werkes ohne Genehmigung des Autors erlaubt, soweit es so knapp wie möglich ausfällt, um die inhaltliche Auseinandersetzung zu erfüllen. Außerdem muss die Quelle des Zitats angegeben werden. Im konkreten Fall sind also mehrere Fragen zu klären:

a) Ist die Grußkarte ein eigenständiges Werk?
Eine gestaltete Grußkarte ist ein eigenständiges Werk. Die bloße Kombination von Firmenname, Firmenlogo und Zitat eher nicht – aber da können sich die Juristen vor Gericht auch noch streiten.

b) Wird die Quelle angegeben?
Sie müssen mindestens den Autor und den Titel der Arbeit nennen, aus dem das Zitat stammt. Eigentlich auch den Verlag und den Erscheinungsort.

c) Ist das Zitat so knapp wie möglich?
Das Zitat ist ohne Zweifel knapp. Aber sollte es beispielsweise aus einem einzeiligen Gedicht stammen, wäre es kein Zitat, sondern die Wiedergabe eines kompletten Werks. Und damit nicht ohne Genehmigung zulässig.

d) Unterstützt das Zitat die inhaltliche Auseinandersetzung des »Träger«-Werkes?

Wenn die Grußkarte eine künstlerische Auseinandersetzung mit einem Thema beinhaltet und daran die Textzeile einen wesentlichen Beitrag hat, dann ist es ein zulässiges Zitat. Ist der Text lediglich auf der Grußkarte, weil er gefällt und ansonsten nichts mit der Gestaltung der Grußkarte zu tun hat, braucht es die Genehmigung des Autors. Die Unterstützung der »Werbebotschaft« oder des »Firmenimage« ist kein zulässiger Beitrag.

Sollten Sie sich unsicher sein, ob Sie den Text als Zitat verwenden können, dann wenden Sie sich an die Verwertungsgesellschaft Wort (www.vgwort.de). Sie können dort ein branchenübliches Honorar für den Autor hinterlegen, falls ein direkter Kontakt nicht gelingt. Möglicherweise kann die VG Wort aber auch den Kontakt herstellen.

Ausgabe: 05-05 (Mai 2003) Nebenrechte, Leseprobe, Werbung, Website

Auf meiner Fanpage über Elizabeth George wollte ich ihre Romane kurz vorstellen und auch kleine Leseproben präsentieren. Frau George verwies mich auf ihren deutschen Verleger und der mailte mir, das das Recht zur Veröffentlichung von Leseproben auf privaten Websites aus vertragsrechtlichen Gründen nicht gestattet ist.
Kannst du mir sagen, warum das eigentlich so ist? Durch diese Leseproben macht man doch Werbung für die Bücher und Autoren!

Leseproben berühren die Urheberrechte des Verfassers. Da er über die Nutzung des Textes entscheidet, kann er auch über Leseproben entscheiden. Eventuell hat er dieses Nutzungsrecht auch einem Verlag übertragen. Der Einwand, Leseproben würden doch lediglich Werbung für das Buch machen, mag berechtigt scheinen. Aber der Rechteinhaber darf sich auch aussuchen, ob und wie für seine Produkte Werbung gemacht wird.
Man darf auch nicht nach Gutdünken Anzeigen für z. B. BMW oder Nestlé schalten. Die Firmen würden unter Garantie Klage einreichen, weil es ihre Marketingstrate-

gien durchkreuzt. Autoren und Verlage sind da vielleicht weniger pingelig, aber das Prinzip ist das Gleiche.

Erlaubt sind dagegen Zitate, sofern sie nur geringen Umfang haben.

Webadressen

Informationen

www.autorenforum.de
www.federwelt.de
www.ratgeber-freie.de
www.uschtrin.de

Rechtsberatung

www.mediafon.net
www.verband-deutscher-schriftsteller.de
www.verdi.de

Titelschutz

www.boersenverein.de/de/69181?rubrik=82995&dl_id=64291
www.compumark.thomson.com/emea/lang/de/pid/133
www.titelschutz24.de
www.titelschutz-recherche.de

Verlagssuche

www.gelbseiten.de
www.saur.de/kuerschner

Sonstiges

www.kurzgeschichten.de
www.vgwort.de
www.wege-zum-buch.de

Index

A

Ausfallhonorar 93
Ausschreibung 73, 161, 162, 163, 164
Autorengemeinschaft 45

B

Bearbeitung siehe ‹berarbeitung 41, 96, 130, 131, 139
Belegexemplare siehe Freiexemplare 28, 169
Bilder 36, 42, 43, 44, 113, 114, 125, 140, 141
Biografie 47, 48, 49, 55, 56, 57, 149
Book on demand siehe Publishing on demand 97
Buchhandel 106, 108, 110, 146, 147, 151, 155, 156, 157, 170
Buchpreisbindung 150, 153, 169

D

Datenübertragung 113
Dienstleisterverlag siehe Kostenzuschuss 106, 107
Druckkostenzuschussverlag siehe Kostenzuschuss 105, 106, 107

E

Entstellung siehe Verfremdung 16, 119, 159, 173

F

Freiexemplare 24, 28, 109, 169, 170

H

Herausgeber 137, 138, 139
Honorar 20, 23, 24, 26, 27, 28, 29, 30, 69, 70, 93, 94, 95, 96, 97, 99, 103, 108, 109, 110, 111, 115, 116, 118, 119, 127, 128, 131, 132, 135, 139, 140, 145, 146, 167, 170, 171, 172, 176

I

ISBN 87, 88, 106, 126, 149, 169

K

Konkurrenzausschluss 95, 96
Kostenzuschuss 8, 105, 106, 108, 109, 127, 132, 136
Kurzgeschichte 73, 74, 81, 84, 85

L

Leseprobe 176
Lesung 19, 171, 172
Literaturagentur 99, 101, 103
Literaturwettbewerb 161, 163, 164, 165

M

Markenschutz 59, 60, 61, 76, 151
Mehrwertsteuer siehe Umsatzsteuer 27, 94, 99, 110, 117, 118, 169, 172, 173

N

Nebenrechte 24, 26, 41, 91, 95, 96, 99, 100, 160, 167, 176
Neuauflage 28, 96, 97, 130, 132

P

Persönlichkeitsrechte 31, 32, 33, 47, 48, 49, 51, 52, 53, 54, 55, 57, 173
Plagiat 20, 28, 41, 57, 63, 65, 77, 78, 159, 164, 165, 166, 173
Preisbindung siehe Buchpreisbindung 153, 155, 169
Pressearbeit 155
Print on demand siehe Publishing on demand 97, 141
Pseudonym 15, 16, 21, 49, 50, 75, 76, 160, 161
Publishing on demand 48, 90, 97, 141, 142, 143, 144, 145, 146, 148, 153, 154, 167

S

Satzkorrektur 120
Selbstverlag 25, 126, 141, 142, 143, 144

T

Textverarbeitung 83, 113
Titelschutz 125, 126, 127, 148, 149, 153, 154, 179
Titelwahl 113

U

Überarbeitung 96, 118, 130, 132
Übersetzung 69, 70, 71, 128
Umsatzsteuer 108, 117, 167, 169, 171, 172
unveröffentlicht 83, 84, 85

V

veröffentlicht 11, 14, 16, 21, 27, 32, 36, 37, 47, 53, 55, 83, 84, 85, 89, 90, 93, 94, 95, 100, 108, 117, 119, 127, 132, 136, 140, 160, 165, 167, 169, 173, 174
Verfremdung 118, 119, 159, 173
Verlagsanschreiben 77, 81, 82
Verlagsgesetz 23, 134
Verlagsgründung 89, 141, 150, 151, 153
Verlagsinsolvenz 139
Verlagssuche 8, 73, 74, 78, 85, 87, 88, 90, 105, 106, 108, 123, 179
Verlagswechsel 125, 140
Vertrag 16, 23, 25, 26, 27, 29, 46, 61, 78, 90, 93, 94, 95, 96, 97, 98, 99, 100, 101, 102, 103, 105, 108, 114, 115, 120, 121, 122, 123, 124, 125, 126, 128, 130, 132, 134, 135, 136, 137, 140, 141, 146, 160, 164, 170, 171
Vertragskündigung 101, 120, 122, 123, 125, 134, 136, 137

Verwertungsgesellschaft 127, 167, 176

W

Website 4, 159, 160, 167, 169, 173, 176
Werbung 75, 105, 135, 147, 155, 156, 176

Z

Zitat 20, 54, 57, 63, 64, 65, 66, 68, 69, 71, 174, 175, 176
Zuschussverlag siehe Kostenzuschuss 106, 107